QUERIDA AMAZÔNIA

PAPA FRANCISCO

EXORTAÇÃO APOSTÓLICA PÓS-SINODAL

QUERIDA AMAZÔNIA

AO POVO DE DEUS
E A TODAS AS PESSOAS DE BOA VONTADE

Título original: Esortazione Apostolica postsinodale Querida Amazonia
al popolo di Dio e a tutte le persone di buena volontà

© 2020 Libreria Editrice Vaticana
00120 Città del Vaticano

Direção-geral: *Flávia Reginatto*

Editora Responsável: *Vera Ivanise Bombonatto*

1ª edição – 2020

*Nenhuma parte desta obra poderá ser reproduzida ou
transmitida por qualquer forma e/ou quaisquer meios
(eletrônico ou mecânico, incluindo fotocópia e gravação)
ou arquivada em qualquer sistema ou banco de dados
sem permissão escrita da Editora. Direitos reservados.*

Paulinas
Rua Dona Inácia Uchoa, 62
04110-020 – São Paulo – SP (Brasil)
Tel.: (11) 2125-3500
http://www.paulinas.com.br
editora@paulinas.com.br
Telemarketing e SAC: 0800-7010081

© Pia Sociedade Filhas de São Paulo – São Paulo, 2020

LISTA DE SIGLAS

AL *Amoris Laetitia*, Exortação Apostólica pós--sinodal sobre o amor na família – Papa Francisco

CA *Centesimus Annus*, Carta Encíclica no centenário da *Rerum Novarum* – João Paulo II

CIgC Catecismo da Igreja Católica

DAp Documento de Aparecida

EG *Evangelii Gaudium*, Exortação Apostólica sobre o anúncio do Evangelho no mundo atual – Papa Francisco

EN *Evangelii Nuntiandi*, Exortação Apostólica sobre a Evangelização – Paulo VI

LG *Lumen Gentium*, Constituição Dogmática sobre a Igreja – Concílio Vaticano II

MV *Misericordiae Vultus*, Bula de proclamação do Jubileu Extraordinário da Misericórdia – Papa Francisco

NMI *Novo Millennio Ineunte*, Carta Apostólica no término do grande Jubileu do Ano 2000 – João Paulo II

OL *Orientale Lumen*, Carta Apostólica por ocasião do centenário da *Orientalium Dignitas* – João Paulo II

TMA   *Tertio Millennio Adveniente*, Carta Apostólica sobre a preparação para o Jubileu do Ano 2000 – João Paulo II

VC   *Vita Consecrata*, Exortação Apostólica pós--sinodal sobre a vida consagrada e a sua missão na Igreja e no mundo – João Paulo II

1. A QUERIDA AMAZÔNIA apresenta-se aos olhos do mundo com todo o seu esplendor, o seu drama e o seu mistério. Deus concedeu-nos a graça de a termos presente de modo especial no Sínodo que se realizou em Roma de 6 a 27 de outubro de 2019, concluído com o Documento *Amazônia: Novos caminhos para a Igreja e para uma Ecologia Integral.*

O sentido desta Exortação (2-4)

2. Escutei as intervenções ao longo do Sínodo e li, com interesse, as contribuições dos Círculos Menores. Com esta Exortação, quero expressar as ressonâncias que provocou em mim esse percurso de diálogo e discernimento. Aqui, não vou desenvolver todas as questões amplamente tratadas no Documento conclusivo; não pretendo substitui-lo nem repeti-lo. Desejo apenas oferecer um breve quadro de reflexão que encarne na realidade amazônica uma *síntese* de algumas grandes

preocupações já manifestadas por mim em documentos anteriores, que ajude e oriente para uma recepção harmoniosa, criativa e frutuosa de todo o caminho sinodal.

3. Ao mesmo tempo, quero de modo oficial apresentar o citado Documento, que nos oferece as conclusões do Sínodo e no qual colaboraram muitas pessoas que conhecem melhor do que eu e do que a Cúria Romana a problemática da Amazônia, porque são pessoas que nela vivem, por ela sofrem e que a amam apaixonadamente. Nesta Exortação, preferi não citar o Documento, porque convido a lê-lo integralmente.

4. Deus queira que toda a Igreja se deixe enriquecer e interpelar por este trabalho, que os pastores, os consagrados, as consagradas e os fiéis leigos da Amazônia se empenhem na sua aplicação e que, de alguma forma, possa inspirar todas as pessoas de boa vontade.

Sonhos para a Amazônia (5-7)

5. A Amazônia é um todo plurinacional interligado, um grande bioma partilhado por nove países: Brasil, Bolívia, Colômbia, Equador, Guiana, Peru, Suriname, Venezuela e Guiana Francesa. Todavia, dirijo esta Exortação ao mundo inteiro. Por um lado, faço isso para ajudar a despertar a estima e a solicitude por esta terra que também é "nossa", convidando a admirá-la e reconhecê-la como um mistério sagrado; por outro

lado, porque a atenção da Igreja às problemáticas desse território obriga-nos a retomar brevemente algumas questões que não devemos esquecer e que podem servir de inspiração para outras regiões da terra enfrentarem os seus próprios desafios.

6. Tudo o que a Igreja oferece deve encarnar-se de maneira original em cada lugar do mundo, de modo que a Esposa de Cristo adquira rostos multiformes que manifestem melhor a riqueza inesgotável da graça. Deve encarnar-se a pregação, deve encarnar-se a espiritualidade, devem encarnar-se as estruturas da Igreja. Por isso, nesta breve Exortação, ouso humildemente formular quatro grandes sonhos que a Amazônia me inspira:

7. *Sonho com uma Amazônia que lute pelos direitos dos mais pobres, dos povos nativos, dos últimos, de modo que a sua voz seja escutada e que sua dignidade seja promovida.*

Sonho com uma Amazônia que preserve a riqueza cultural que a caracteriza e na qual brilha de maneira tão variada a beleza humana.

Sonho com uma Amazônia que guarde zelosamente a sedutora beleza natural que a adorna, a vida transbordante que enche os seus rios e as suas florestas.

Sonho com comunidades cristãs capazes de se devotar e de se encarnar na Amazônia, a tal ponto que deem à Igreja rostos novos com traços amazônicos.

Capítulo I

UM SONHO SOCIAL

8. Nosso sonho é de uma Amazônia que integre e promova todos os seus habitantes, para poderem consolidar o "bem viver". Mas impõe-se um grito profético e um árduo empenho em prol dos mais pobres, pois, apesar do desastre ecológico que a Amazônia está enfrentando, deve-se notar que *"uma verdadeira abordagem ecológica sempre se torna uma abordagem social*, que deve integrar a justiça nos debates sobre o meio ambiente, para ouvir *tanto o clamor da terra como o clamor dos pobres"* (LS, n. 49).[1] Não serve um conservacionismo "que se preocupa com o bioma, porém ignora os povos amazônicos" (ILSA, n. 45).[2]

Injustiça e crime (9-14)

9. Os interesses colonizadores que, legal e ilegalmente, fizeram – e fazem – aumentar o corte de madeira

---

[1] FRANCISCO. Carta Encíclica *Laudato Si'*: sobre o cuidado da Casa Comum. São Paulo: Paulinas, 2015.

[2] SÍNODO DOS BISPOS. *Amazônia*: novos caminhos para a Igreja e para uma ecologia integral – *Instrumentum Laboris* para a Assembleia Especial do Sínodo dos Bispos para a Região Pan-amazônica. São Paulo: Paulinas, 2019.

e a indústria mineradora e que foram expulsando e encurralando os povos indígenas, ribeirinhos e afrodescendentes, provocam um clamor que brada ao céu:

"São muitas as árvores
onde morou a tortura
e vastas as florestas
compradas entre mil mortes."[3]

"Os madeireiros têm parlamentares
e nossa Amazônia não tem quem a defenda. [...]
Mandam em exílio os papagaios e os macacos. [...]
Já não será igual a colheita da castanha."[4]

10. Isso impulsionou os movimentos migratórios mais recentes dos indígenas para as periferias das cidades. Ali não encontram uma real libertação dos seus dramas, mas as piores formas de escravidão, sujeição e miséria. Nessas cidades caracterizadas por uma grande desigualdade, onde hoje habita a maior parte da população da Amazônia, crescem também a xenofobia, a exploração sexual e o tráfico de pessoas. Por isso, o clamor da Amazônia não brota apenas do coração das florestas, mas também do interior das suas cidades.

---

[3] TAFUR, Ana Varela. Timareo. In: *Lo que no veo en visiones*. Lima: Copé Petroperú, 1992.

[4] MÁRQUEZ, Jorge Vega. Amazônia solitária. In: *Poesía obrera*. Bolívia: Cobija-Pando, 2009, p. 39.

11. Não é necessário repetir aqui as análises tão abrangentes e completas que foram apresentadas antes e durante o Sínodo. Mas lembremos ao menos uma das vozes que escutamos: "Estamos sendo afetados pelos madeireiros, criadores de gado e outros terceiros. Ameaçados por agentes econômicos que implementam um modelo alheio em nossos territórios. As empresas madeireiras entram no território para explorar a floresta, nós cuidamos da floresta para nossos filhos, dispomos de carne, pesca, remédios vegetais, árvores frutíferas [...]. A construção de hidroelétricas e o projeto de hidrovias têm impacto sobre o rio e sobre os territórios [...]. Somos uma região de territórios roubados".[5]

12. Já o meu antecessor, Bento XVI, denunciava "a devastação ambiental da Amazônia e as ameaças à dignidade humana das suas populações".[6] Desejo acrescentar que muitos dramas tiveram a ver com uma falsa "mística amazônica": é sabido que, desde as últimas décadas do século passado, a Amazônia tem sido apresentada como um enorme vazio que deve ser preenchido, como uma riqueza em estado bruto que deve ser aprimorada, como uma vastidão selvagem que precisa ser domada. E, tudo isso dentro de uma perspectiva

---

[5] REDE ECLESIAL PAN-AMAZÔNICA (REPAM). *Síntese da contribuição para o Sínodo*. Brasil, p. 120; cf. ILSA, n. 45.

[6] BENTO XVI. Discurso no encontro com os jovens. Brasil, São Paulo, 10 de maio de 2007. 2: *Insegnamenti* III/1 (2007), 808.

que não reconhece os direitos dos povos nativos ou simplesmente os ignora como se não existissem e como se as terras onde habitam não lhes pertencessem. Nos próprios programas educacionais de crianças e jovens, os indígenas apareciam como intrusos ou usurpadores. As suas vidas e preocupações, a sua maneira de lutar e sobreviver não interessavam, considerando-os mais como um obstáculo do qual temos de nos livrar do que como seres humanos com a mesma dignidade que qualquer outro e com direitos adquiridos.

13. Para aumentar essa confusão, contribuíram alguns *slogans*, como o de não "[...] entregar",[7] como se tal sujeição fosse provocada apenas por países estrangeiros, enquanto também os próprios poderes locais, com a desculpa do progresso, fizeram parte de alianças com o objetivo de devastar, de maneira impune e indiscriminada, a floresta com as formas de vida que abriga. Os povos nativos viram muitas vezes, impotentes, a destruição do ambiente natural que lhes permitia alimentar-se, curar-se, sobreviver e conservar um estilo de vida e uma cultura que lhes dava identidade e sentido. A disparidade de poder é enorme, os fracos não têm recursos para se defender, enquanto o vencedor continua

---

[7] Cf. ARAÚJO, Alberto C. Dois caminhos na Amazônia: imaginário amazônico. In: *Amazônia real*, 29 de janeiro de 2014. Disponível em: <https://amazonia-real.com.br/dois-caminhos-na-amazonia>.

levando tudo, "os povos pobres ficam sempre pobres e os ricos tornam-se cada vez mais ricos" (PP, n. 57).[8]

14. Às operações econômicas, nacionais ou internacionais, que danificam a Amazônia e não respeitam o direito dos povos nativos do território e sua demarcação, à autodeterminação e ao consentimento prévio, há que rotulá-las com o nome devido: *injustiça e crime.* Quando algumas empresas sedentas de lucro fácil se apropriam dos terrenos, chegando a privatizar até a água potável, ou quando as autoridades deixam caminho livre a madeireiros, a projetos minerários ou petrolíferos e outras atividades que devastam as florestas e contaminam o ambiente, transformam-se indevidamente as relações econômicas e tornam-se um instrumento que mata. É usual lançar mão de recursos desprovidos de qualquer ética, como penalizar os protestos e até tirar a vida dos indígenas que se oponham aos projetos, provocar intencionalmente incêndios florestais, ou subornar políticos e os próprios nativos. Acompanhando tudo isso, temos graves violações dos direitos humanos e novas escravidões que atingem especialmente as mulheres, a praga do narcotráfico que procura submeter os indígenas, ou o tráfico de pessoas que se aproveita daqueles que foram expulsos de seu contexto cultural.

---

[8] SÃO PAULO VI. Carta Encíclica *Populorum Progressio* sobre o desenvolvimento dos povos. 14. São Paulo: Paulinas, 2009.

Não podemos permitir que a globalização se transforme em um "novo tipo de colonialismo".[9]

Indignar-se e pedir perdão (15-19)

15. É preciso indignar-se (ILSA, n. 41), como se indignou Moisés (Ex 11,8), como se indignava Jesus (Mc 3,5), como se indigna Deus perante a injustiça (Am 2,4-8; 5,7-12; Sl 106[105],40). Não é salutar habituarmo--nos ao mal; faz-nos mal permitir que nos anestesiem a consciência social, enquanto "um rastro de dilapidação, inclusive de morte por toda a nossa região, [...] coloca em perigo a vida de milhões de pessoas, em especial do hábitat dos camponeses e indígenas" (DAp, n. 473).[10] Os casos de injustiça e crueldade verificados na Amazônia, ainda durante o século passado, deveriam gerar uma profunda repulsa e ao mesmo tempo tornar-nos mais sensíveis para também reconhecer formas atuais de exploração humana, violência e morte. Por exemplo, a propósito do passado vergonhoso, recolhamos uma narração dos sofrimentos dos indígenas da época da borracha na Amazônia venezuelana: "Os nativos não recebiam dinheiro, mas apenas mercadorias, e caras,

---

[9] SÃO JOÃO PAULO II. *Discurso à Academia Pontifícia das Ciências Sociais*, 27 de abril de 2001. 4: *AAS* 93 (2001), 600.

[10] CELAM. *Documento de Aparecida*: Documento Conclusivo da V Conferência Geral do Episcopado Latino-Americano e do Caribe. Brasília: Edições CNBB; São Paulo: Paulus/Paulinas, 2008.

que nunca acabavam de pagar. [...] Pagava, mas diziam ao indígena: 'Ainda está devendo tanto' e o indígena tinha que voltar a trabalhar [...]. Mais de vinte aldeias *ye'kuana* foram completamente arrasadas. As mulheres *ye'kuana* foram violadas e seus seios cortados; as grávidas desventradas. Aos homens, cortavam-lhes os dedos das mãos ou os pulsos, para não poderem navegar [...], juntamente com outras cenas do sadismo mais absurdo".[11]

16. Esta história de sofrimento e desprezo não se cura facilmente. E a colonização não para; embora em muitos lugares se transforme, disfarce e dissimule,[12] todavia não perde a sua prepotência contra a vida dos pobres e a fragilidade do meio ambiente. Os bispos da Amazônia brasileira recordaram que "a história da Amazônia revela que foi sempre uma minoria que lucrava à custa da pobreza da maioria e da depredação sem escrúpulos das riquezas naturais da região, dádiva divina para os povos que aqui vivem há milênios

---

[11] IRIBERTEGUI, Ramón. *Amazonas*: el hombre y el caucho. Venezuela, Caracas: Editora Vicariato Apostólico de Puerto Ayacucho, 1987, p. 307ss. (Monografia, 4).

[12] Cf. TUPIASSÚ, Amarílis. Amazônia: das travessias lusitanas à literatura de até agora. In: *Estudos Avançados*, São Paulo, v. 19, n. 53, jan./abr. 2005: "De fato, após o fim da primeira colonização, a Amazônia continuou seu trajeto como região assolada pela antiquíssima ganância, agora sob novas imposições retóricas [...] por parte dos agentes *civilizatórios* que nem sequer precisam corporificar-se para gerar e multiplicar as novas facetas da antiga destruição, agora por meio de uma morte lenta".

e os migrantes que chegaram ao longo dos séculos passados".[13]

17. Ao mesmo tempo que nos deixamos tomar por uma sã indignação, lembremo-nos de que sempre é possível superar as diferentes mentalidades de colonização para construir redes de solidariedade e desenvolvimento: "O desafio é assegurar uma globalização na solidariedade, uma globalização sem marginalização".[14] Podem-se encontrar alternativas de pecuária e agricultura sustentáveis, de energias que não poluem, de fontes dignas de trabalho que não impliquem a destruição do meio ambiente e das culturas. Ao mesmo tempo, é preciso garantir, para os indígenas e para os mais pobres, uma educação adequada que desenvolva as suas capacidades e empoderamento. É precisamente nesses objetivos que se mede a verdadeira solércia e a genuína capacidade dos políticos. Não servirá para devolver aos mortos a vida que lhes foi negada, nem para compensar os sobreviventes daqueles massacres, mas ao menos para hoje sermos todos realmente humanos.

18. Anima-nos recordar que, no meio dos graves excessos da colonização da Amazônia, cheia de

---

[13] BISPOS DA AMAZÔNIA DO BRASIL. *Carta ao Povo de Deus*. Brasil, Santarém, 6 de julho de 2012.

[14] SÃO JOÃO PAULO II. *Mensagem para o Dia Mundial da Paz* em 1998, 8 de dezembro de 1997. 3: *AAS* 90 (1998), 150.

"contradições e lacerações" (DPb, n. 6),[15] muitos missionários chegaram lá com o Evangelho, deixando os seus países e aceitando uma vida austera e desafiadora junto dos mais desprotegidos. Sabemos que nem todos foram exemplares, mas o trabalho daqueles que se mantiveram fiéis ao Evangelho também inspirou "uma legislação, como as Leis das Índias, que protegiam a dignidade dos indígenas contra as violações de seus povos e territórios" (ILSA, n. 6).[16] E dado que frequentemente eram os sacerdotes que protegiam os indígenas de ladrões e abusadores, os missionários relatam "pediam-nos insistentemente que não os abandonássemos e faziam-nos prometer que voltaríamos novamente".[17]

---

[15] CELAM. *Documento de Puebla*: Conclusões da III Conferência Geral do Episcopado Latino-Americano. Puebla de Los Angeles, jan./fev. 1979.

[16] O papa Paulo III, com o Breve *Veritas Ipsa* (2 de junho de 1537), condenou as teses racistas, reconhecendo aos índios, cristãos ou não, a dignidade de pessoa humana, reconheceu-lhes o direito aos seus bens e proibiu que fossem reduzidos à escravidão. Afirmava: "Sendo homens como os outros, [...] não podem, de modo algum, ser privados da sua liberdade e da posse dos seus bens, nem mesmo aqueles que estão fora da fé de Jesus Cristo". Esse ensinamento foi reiterado pelos papas Gregório XIV, com a Bula *Cum Sicuti* (28 de junho de 1591); Urbano VIII, com a Bula *Commissum Nobis* (22 de junho de 1639); Bento XIV, com a Bula *Immensa Pastorum Principis*, dirigida aos bispos do Brasil (20 de dezembro de 1741); Gregório XVI, com o Breve *In Supremo* (3 de dezembro de 1839); Leão XIII, na *Epístola aos Bispos do Brasil sobre a escravatura* (5 de maio de 1888); São João Paulo II, na *Mensagem aos indígenas da América* (Santo Domingo, 12 de outubro de 1992. 2: *Insegnamenti* XV/2 (1992), 341-347).

[17] COSTA, Frederico Benício de Sousa. *Carta Pastoral* (1909). Amazonas, Manaus: Ed. Imprensa do Governo do Estado do Amazonas, 1994, p. 83.

19. E, nos dias de hoje, a Igreja não pode estar menos comprometida, chamada como está a escutar os clamores dos povos amazônicos, "para poder exercer com transparência seu papel profético" (ILSA, n. 7). Entretanto, como não podemos negar que o joio se misturou com o trigo, pois os missionários nem sempre estiveram do lado dos oprimidos, deploro-o e mais uma vez *"peço humildemente perdão*, não só pelas ofensas da própria Igreja, mas também pelos crimes contra os povos nativos durante a chamada conquista da América"[18] e pelos crimes atrozes que se seguiram ao longo de toda a história da Amazônia. Aos membros dos povos nativos, agradeço e digo novamente que, "com a vossa vida, sois um grito lançado à consciência [...]. Vós sois memória viva da missão que Deus nos confiou a todos: cuidar da Casa Comum".[19]

Sentido comunitário (20-22)

20. A luta social implica capacidade de fraternidade, um espírito de comunhão humana. Então, sem diminuir a importância da liberdade pessoal, ressalta-se

---

[18] FRANCISCO. *Discurso por ocasião do II Encontro Mundial dos Movimentos Populares*. Bolívia, Santa Cruz de la Sierra, 9 de julho de 2015. In: *L'Osservatore Romano*, 13 (edição portuguesa de 16 de julho de 2015).

[19] FRANCISCO. *Discurso no Encontro com os Povos da Amazônia*. Peru, Puerto Maldonado, 19 de janeiro 2018. In: *L'Osservatore Romano*, 8 (edição portuguesa de 25 de janeiro de 2018).

que os povos nativos da Amazônia possuem um forte sentido comunitário. Vivem assim "o trabalho, o descanso, os relacionamentos humanos, os ritos e as celebrações. Tudo é compartilhado, os espaços particulares – típicos da modernidade – são mínimos. A vida é um caminho comunitário em que as tarefas e as responsabilidades se dividem e compartilham em função do bem comum. Não há espaço para a ideia de indivíduo separado da comunidade ou de seu território" (ILSA, n. 24). Essas relações humanas estão impregnadas pela natureza circundante, porque a sentem e percebem como uma realidade que integra a sua sociedade e cultura, como um prolongamento do seu corpo pessoal, familiar e de grupo:

"Aquele luzeiro se aproxima
revolteiam os beija-flores
mais do que a cascata troa meu coração
com esses teus lábios regarei a terra
possa o vento jogar em nós."[20]

21. Isso multiplica o efeito desintegrador do desenraizamento que vivem os indígenas forçados a emigrar para a cidade, procurando sobreviver, por vezes

---

[20] LEMA, Yana Lucila. *Tamyawan Shamukupani / Con la lluvia estoy viviendo* – 1 [Com a chuva estou vivendo]. Disponível em: <http://siwarmayu.com/es/yana-lucila-lema-6-poemas-de-tamyawan-shamukupani-con-la-lluvia-estoy-viviendo>.

de forma não digna, no meio dos costumes urbanos mais individualistas e de um ambiente hostil. Como sanar um dano tão grave? Como reconstruir essas vidas desenraizadas? Em vista dessa realidade, é preciso valorizar e acompanhar todos os esforços que fazem muitos desses grupos para preservar os seus valores e estilo de vida e para integrar-se nos contextos novos sem os perder; antes, porém, os oferecendo como uma própria contribuição para o bem comum.

22. Cristo redimiu o ser humano inteiro e deseja recompor em cada um a sua capacidade de se relacionar com os outros. O Evangelho propõe a caridade divina que brota do Coração de Cristo e gera uma busca da justiça que é inseparavelmente um canto de fraternidade e solidariedade, um estímulo à cultura do encontro. A sabedoria do estilo de vida dos povos nativos – mesmo com todos os limites que possa ter – estimula-nos a aprofundar tal anseio. Por essa razão, os bispos do Equador solicitaram "um novo sistema social e cultural que privilegie as relações fraternas, em um quadro de reconhecimento e valorização das diferentes culturas e dos ecossistemas, capaz de se opor a todas as formas de discriminação e domínio entre os seres humanos".[21]

---

[21] CONFERÊNCIA EPISCOPAL EQUATORIANA. *Cuidemos nuestro planeta*, 20 de abril de 2012, n. 3.

Instituições degradadas (23-25)

23. Na Encíclica *Laudato Si'*, lembramos que, "se tudo está relacionado, também o estado de saúde das instituições de uma sociedade tem consequências no ambiente e na qualidade de vida humana [...]. Dentro de cada um dos níveis sociais e entre eles, desenvolvem-se as instituições que regulam as relações humanas. Tudo o que as danifica comporta efeitos nocivos, como a perda da liberdade, a injustiça e a violência. Vários países são governados por um sistema institucional precário, à custa do sofrimento do povo [...]" (LS, n. 142).

24. Como estão as instituições da sociedade civil na Amazônia? O *Instrumentum laboris* do Sínodo, que reúne muitas contribuições de pessoas e grupos da Amazônia, refere-se a "uma cultura que envenena o Estado e suas instituições, permeando todos os estratos sociais, inclusive as comunidades indígenas. Trata-se de um verdadeiro flagelo moral; como resultado, perde-se a confiança nas instituições e em seus representantes, o que desacredita totalmente a política e as organizações sociais. Os povos amazônicos não são alheios à corrupção e tornam-se suas principais vítimas" (ILSA, n. 82).

25. Não podemos excluir que membros da Igreja tenham feito parte das redes de corrupção, por vezes chegando ao ponto de aceitar manter silêncio em troca de ajudas econômicas para as obras eclesiais. Por isso

mesmo, chegaram ao Sínodo propostas que convidavam a "prestar uma atenção especial à procedência de doações ou outro tipo de benefícios, assim como aos investimentos realizados pelas instituições eclesiásticas ou pelos cristãos" (ILSA, n. 83).

Diálogo social (26-27)

26. A Amazônia deveria ser também um local de diálogo social, especialmente entre os diferentes povos nativos, para encontrar formas de comunhão e luta conjunta. Os demais estão chamados a participar como "convidados", procurando, com o máximo respeito, encontrar vias de encontro que enriqueçam a Amazônia. Mas, se queremos dialogar, devemos começar pelos últimos. Esses não são apenas um interlocutor que é preciso convencer, tampouco são mais um que está sentado a uma mesa de iguais. Mas são os principais interlocutores, dos quais primeiro devemos aprender, a quem temos de escutar por um dever de justiça e a quem devemos pedir autorização para poder apresentar as nossas propostas. A sua palavra, as suas esperanças, os seus receios deveriam ser a voz mais forte em qualquer mesa de diálogo sobre a Amazônia. E a grande questão é: Como imaginam eles o "bem viver" para si e para seus descendentes?

27. O diálogo não se deve limitar a privilegiar a opção preferencial pela defesa dos pobres, marginalizados e excluídos, mas também há que os respeitar como protagonistas. Trata-se de reconhecer o outro e apreciá-lo "como outro", com a sua sensibilidade, as suas opções mais íntimas, o seu modo de viver e trabalhar. Caso contrário, o resultado será, como sempre, "um projeto de poucos para poucos" (EG, n. 239),[22] quando não "um consenso de escritório ou uma paz efêmera para uma minoria feliz" (EG, n. 218). Se isso acontecer, "é necessária uma voz profética" (EG, n. 218) e, como cristãos, somos chamados a fazê-la ouvir.

Daqui nasce o sonho seguinte...

---

[22] FRANCISCO. Exortação Apostólica *Evangelii Gaudium*: a Alegria do Evangelho. São Paulo: Paulinas, 2013.

Capítulo II

UM SONHO CULTURAL

28. O objetivo é promover a Amazônia; isso, porém, não implica colonizá-la culturalmente, mas sim contribuir de modo que ela própria revele o melhor de si. Esse é o sentido da melhor obra educativa: cultivar sem desenraizar, fazer crescer sem enfraquecer a identidade, promover sem invadir. Assim como há potencialidades na natureza que se poderiam perder para sempre, o mesmo pode acontecer com culturas portadoras de uma mensagem ainda não escutada e que hoje estão mais ameaçadas do que nunca.

O poliedro amazônico (29-32)

29. Na Amazônia, vivem muitos povos e nacionalidades, sendo mais de cento e dez os Povos Indígenas em Isolamento Voluntário – PIAV (ILSA, n. 57). A sua situação é fragilíssima; e muitos sentem que são os últimos depositários de um tesouro fadado a desaparecer, como se lhes fosse permitido sobreviver apenas sem perturbar, enquanto avança a colonização pós-moderna. Temos que evitar considerá-los como "selvagens não civilizados"; simplesmente criaram culturas diferentes

e outras formas de civilização, que antigamente registraram um nível notável de desenvolvimento.[1]

30. Antes da colonização, os centros habitados concentravam-se nas margens dos rios e lagos, mas o avanço da colonização expulsou os antigos habitantes para o interior da floresta. Hoje, a crescente desertificação força novos deslocamentos de muitos, que acabam por ocupar as periferias ou as calçadas das cidades por vezes em uma situação de miséria extrema, mas também de dilaceração interior devido à perda dos valores que os sustentavam. Nesse contexto, habitualmente perdem os pontos de referência e as raízes culturais que lhes conferiam uma identidade e um sentido de dignidade, fazendo crescer a fila dos descartados. Assim se interrompe a transmissão cultural de uma sabedoria que, durante séculos, foi passando de geração em geração. As cidades, que deveriam ser lugares de encontro, enriquecimento mútuo e fecundação entre diferentes culturas, tornam-se palco de um doloroso descarte.

31. Cada povo que conseguiu sobreviver na Amazônia tem a própria identidade cultural e uma riqueza única em um universo multicultural, em virtude da estreita relação que os habitantes estabelecem com o meio circundante, em uma simbiose – de tipo

---

[1] Cf. MIRANDA, Evaristo Eduardo de. *Quando o Amazonas corria para o Pacífico*. Petrópolis: Vozes, 2007, p. 83-93.

não determinista – difícil de entender com esquemas mentais alheios:

"Havia outrora uma paisagem que despontava
com seu rio,
seus animais, suas nuvens e suas árvores.
Às vezes, porém, quando não se via em lado nenhum
a paisagem com seu rio e suas árvores,
competia a tais coisas assomar à mente de um
garotinho."[2]

"Do rio, fazes o teu sangue [...].
Depois planta-te,
germina e cresce
que tua raiz
se agarre à terra
mais e mais para sempre
e, por último,
sê canoa,
barco, jangada,
solo, jarra,
estábulo e homem."[3]

---

[2] GALEANO, Juan Carlos. Paisajes. In: *Amazonia y otros poemas*. Colombia, Bogotá: Editora Universidad Externado, 2011, p. 31.

[3] YGLESIAS, Javier. Llamado. In: *Revista peruana de Literatura*, v. 6, p. 31, jun. 2007.

32. Os grupos humanos, seus estilos de vida e cosmovisões são tão variados quanto o território, pois tiveram que se adaptar à geografia e aos seus recursos. Não são iguais as aldeias de pescadores às de caçadores, nem as aldeias de agricultores do interior às dos cultivadores de terras sujeitas a inundações. Além disso, na Amazônia, encontram-se milhares de comunidades de indígenas, afrodescendentes, ribeirinhos e habitantes das cidades que, por sua vez, são muito diferentes entre si e abrigam uma grande diversidade humana. Deus se manifesta, reflete algo da sua beleza inesgotável por meio de um território e das suas características, pelo que os diferentes grupos, em uma síntese vital com o ambiente circundante, desenvolvem uma forma peculiar de sabedoria. Aqueles de nós que observamos de fora deveríamos evitar generalizações injustas, discursos simplistas ou conclusões elaboradas apenas a partir das nossas próprias estruturas mentais e experiências.

Cuidar das raízes (33-38)

33. Quero lembrar agora que "a visão consumista do ser humano, incentivada pelos mecanismos da economia globalizada atual, tende a homogeneizar as culturas e a debilitar a imensa variedade cultural, que é um tesouro da humanidade" (LS, 144). Isso afeta muito os jovens, quando se tende a "dissolver diferenças próprias do seu lugar de origem, a transformá-los em seres

manipuláveis feitos em série" (ChV, n. 186).[4] Para evitar essa dinâmica de empobrecimento humano, é preciso amar as raízes e cuidar delas, porque são "um ponto de enraizamento que nos permite crescer e responder aos novos desafios" (ChV, n. 200). Convido os jovens da Amazônia, especialmente os indígenas, a "assumir as raízes, pois das raízes provém a força que [os] fará crescer, florescer e frutificar".[5] Para aqueles que são batizados, incluem-se nessas raízes a história do povo de Israel e da Igreja até ao dia de hoje. Conhecê-las é uma fonte de alegria e, sobretudo, de esperança que inspira ações válidas e corajosas.

34. Durante séculos, os povos amazônicos transmitiram a sua sabedoria cultural oralmente, através de mitos, lendas, narrações, como sucedia com "aqueles antigos jograis que percorriam as florestas contando histórias de aldeia em aldeia, mantendo assim viva uma comunidade que, sem o cordão umbilical dessas histórias, a distância e a falta de comunicação teriam fragmentado e dissolvido".[6] Por isso, é importante

---

[4] FRANCISCO. Exortação Apostólica Pós-Sinodal *Chritus Vivit*. São Paulo: Paulinas, 2019.

[5] FRANCISCO. Mensagem em vídeo para o Encontro Mundial da Juventude Indígena. Panamá, Soloy, 17-21 de janeiro de 2019. In: *L'Osservatore Romano*, n. 4 (edição portuguesa de 22 de janeiro de 2019).

[6] LLOSA, Mario Vargas. Prólogo de *El Hablador*. Madrid, 8 de octubre 2007.

"deixar que os anciãos façam longas narrações" (ChV, n. 195) e que os jovens se detenham para beber dessa fonte.

35. Enquanto o risco de perder essa riqueza cultural é cada vez maior, nos últimos anos – graças a Deus! – alguns povos começaram a escrever para contar as suas histórias e descrever o significado dos seus costumes. Assim, eles próprios podem reconhecer explicitamente que há algo mais do que uma identidade étnica e que são depositários de preciosas memórias pessoais, familiares e coletivas. Alegra-me ver aqueles que perderam o contato com as suas raízes tentarem recuperar a memória danificada. Por outro lado, nos próprios setores profissionais, começou a desenvolver-se uma maior percepção da identidade amazônica, tornando-se a Amazônia – mesmo para eles, muitas vezes descendentes de imigrantes – fonte de inspiração artística, literária, musical, cultural. As várias expressões artísticas, particularmente a poesia, deixaram-se inspirar pela água, a floresta, a vida que se agita, bem como pela diversidade cultural e os desafios ecológicos e sociais.

Encontro intercultural (36-38)

36. As culturas da Amazônia profunda, assim como aliás toda realidade cultural, têm suas limitações; as culturas urbanas do Ocidente também as têm. Fatores

como o consumismo, o individualismo, a discriminação, a desigualdade e muitos outros constituem aspectos frágeis das culturas aparentemente mais evoluídas. As etnias que desenvolveram um tesouro cultural em conexão com a natureza, com forte sentido comunitário, facilmente se apercebem das nossas sombras, que não reconhecemos no meio do suposto progresso. Portanto, recolher a sua experiência da vida nos fará bem.

37. É a partir das nossas raízes que nos sentamos à mesa comum, lugar de diálogo e de esperanças compartilhadas. Desse modo, a diferença, que pode ser uma bandeira ou uma fronteira, transforma-se em uma ponte. A identidade e o diálogo não são inimigos. A própria identidade cultural aprofunda-se e enriquece-se no diálogo com os que são diferentes, e o modo autêntico de conservá-la não é um isolamento que empobrece. Por isso, não é minha intenção propor um indigenismo completamente fechado, a-histórico, estático, que se negue a toda e qualquer forma de mestiçagem. Uma cultura pode tornar-se estéril, quando "se fecha em si mesma e procura perpetuar formas antiquadas de vida, recusando qualquer mudança e relação com a verdade do homem" (CA, n. 50).[7] Isso poderia parecer pouco realista, já que não é fácil se proteger da invasão cultural. Por isso, cuidar dos valores culturais dos grupos

---

[7] SÃO JOÃO PAULO II. Carta Encíclica *Centesimus Annus* no centenário da *Rerum Novarum*, 1º de setembro de 1991.

indígenas deveria ser interesse de todos, porque a sua riqueza é também a nossa. Se não progredirmos nessa direção de corresponsabilidade pela diversidade que embeleza a nossa humanidade, não se pode pretender que os grupos do interior da floresta se abram ingenuamente à "civilização".

38. Na Amazônia, mesmo entre os distintos povos nativos, é possível desenvolver "relações interculturais em que a diversidade não significa ameaça, não justifica hierarquias de um poder sobre os outros, mas sim diálogo a partir de visões culturais diferentes, de celebração, de inter-relacionamento e de reavivamento da esperança" (DAp, n. 97).

Culturas ameaçadas, povos em risco (39-40)

39. A economia globalizada danifica despudoradamente a riqueza humana, social e cultural. A desintegração das famílias, que resulta das migrações forçadas, afeta a transmissão dos valores, porque "a família é, e sempre foi, a instituição social que mais contribuiu para manter vivas as nossas culturas".[8] Além disso, "diante de uma invasão colonizadora maciça dos meios de comunicação, [é necessário promover para

---

[8] FRANCISCO. Discurso no Encontro com os Povos da Amazônia. Puerto Maldonado, 19 de janeiro 2018. In: *L'Osservatore Romano*, 9 (edição portuguesa de 25 de janeiro de 2018).

os povos nativos] comunicações alternativas, a partir de suas próprias línguas e culturas [e que] os próprios protagonistas indígenas se façam presentes nos meios de comunicação já existentes" (ILSA, n. 123, e).

40. Em qualquer projeto para a Amazônia, "é preciso assumir a perspectiva dos direitos dos povos e das culturas, dando assim provas de compreender que o desenvolvimento de um grupo social [...] requer constantemente o protagonismo dos atores sociais locais *a partir da sua própria cultura*. Nem mesmo a noção de qualidade de vida se pode impor, mas deve ser entendida dentro do mundo de símbolos e hábitos próprios de cada grupo humano" (LS, n. 144). E se as culturas ancestrais dos povos nativos nasceram e se desenvolveram em íntimo contato com o ambiente natural circundante, dificilmente podem ficar ilesas quando se deteriora esse ambiente.

Isso abre passagem ao sonho seguinte...

Capítulo III

UM SONHO ECOLÓGICO

41. Em uma realidade cultural como a Amazônia, onde existe uma relação tão estreita do ser humano com a natureza, a vida diária é sempre cósmica. Libertar os outros das suas escravidões implica certamente cuidar do seu meio ambiente e defendê-lo[1] e – mais importante ainda – ajudar o coração do homem a abrir-se confiadamente a Deus que não só criou tudo o que existe, mas também nos deu a si mesmo em Jesus Cristo. O Senhor, que primeiro cuida de nós, ensina-nos a cuidar dos nossos irmãos e irmãs e do ambiente que ele nos dá como presente a cada dia. Essa é a primeira ecologia de que precisamos. Na Amazônia, compreendem-se melhor as palavras de Bento XVI, quando dizia que, "ao lado da ecologia da natureza, existe uma ecologia que podemos designar 'humana', a qual, por sua vez, requer uma 'ecologia social'. E isso requer que a humanidade

---

[1] "A natureza, especialmente no nosso tempo, está tão integrada nas dinâmicas sociais e culturais que quase já não constitui uma variável independente. A desertificação e a penúria produtiva de algumas áreas agrícolas são fruto também do empobrecimento das populações que as habitam e do seu atraso" (BENTO XVI. Carta Encíclica *Caritas in Veritate*: sobre o desenvolvimento humano integral na caridade e na verdade. São Paulo: Paulinas, 2009, n. 51).

[...] tome consciência cada vez mais das ligações existentes entre a ecologia natural, ou seja, o respeito pela natureza, e a ecologia humana".[2] Essa insistência em que "tudo está estreitamente interligado" (LS, n. 16; 91; 117; 138; 240) vale especialmente para um território como a Amazônia.

42. Se o cuidado das pessoas e o cuidado dos ecossistemas são inseparáveis, isso se torna particularmente significativo lá onde "a floresta não é um recurso para explorar, é um ser ou vários seres com os quais se relacionar".[3] A sabedoria dos povos nativos da Amazônia "inspira o cuidado e o respeito pela criação, com clara consciência dos seus limites, proibindo seu abuso. Abusar da natureza significa abusar dos antepassados, dos irmãos e irmãs, da criação e do Criador, hipotecando o futuro" (ILSA, n. 26). Os indígenas, "quando permanecem nos seus territórios, são quem melhor os cuida" (LS, n. 146), desde que não se deixem enredar pelos cantos das sereias e pelas ofertas interesseiras de grupos de poder. Os danos à natureza preocupam-nos, de maneira muito direta e palpável, porque – dizem eles – "somos água, ar, terra e vida do meio ambiente criado por Deus. Por conseguinte, pedimos que cessem

---

[2] BENTO XVI. *Mensagem para o Dia Mundial da Paz em 2007*. 8 de dezembro de 2006. 8: *Insegnamenti*, II/2 (2006), 776.

[3] DOCUMENTO BOLÍVIA. *Informe país*: consulta pré-sinodal. Bolívia, 2019, p. 36; cf. ILSA, n. 23.

os maus-tratos e o extermínio da 'Mãe Terra'. A terra tem sangue e está sangrando, as multinacionais cortaram as veias da nossa 'Mãe Terra'".[4]

Esse sonho feito de água (43-46)

43. Na Amazônia, a água é a rainha; rios e córregos lembram veias, e toda forma de vida brota dela: "Ali, no pleno dos estios quentes, quando se diluem, mortas nos ares parados, as últimas lufadas de leste, o termômetro é substituído pelo higrômetro na definição do clima. As existências derivam numa alternativa dolorosa de vazantes e enchentes dos grandes rios. Estas se alteiam sempre de modo assustador. O Amazonas referto salta fora do leito, levanta em poucos dias o nível das águas. A enchente é uma paragem na vida. Preso nas malhas dos igarapés, o homem aguarda, então, com estoicismo raro ante a fatalidade incoercível, o termo daquele inverno paradoxal, de temperaturas altas. A vazante é o verão. É a revivescência da atividade rudimentar dos que ali se agitam, do único modo compatível com uma natureza que se excede em manifestações díspares tornando impossível a continuidade de quaisquer esforços".[5]

---

[4] Diocese de San José del Guaviare; Arquidiocese de Villavicencio y Granada. *Documento com contribuições para o Sínodo.* Colômbia; cf. ILSA, n. 17.

[5] CUNHA, Euclides da. *Os Sertões.* São Paulo, 2003, p. 110.

44. A água encanta no grande Amazonas, que abraça e vivifica tudo ao seu redor:

"Amazonas,
capital das sílabas d'água,
pai patriarca, és
a eternidade secreta
das fecundações,
chegam-te rios como pássaros."[6]

45. Além disso, é a coluna vertebral que harmoniza e une: "O rio não nos separa; mas une-nos, ajudando-nos a conviver entre diferentes culturas e línguas".[7] Embora seja verdade que, neste território, há muitas "Amazônias", o seu eixo principal é o grande rio, filho de muitos rios: "Da altura extrema da cordilheira, onde as neves são eternas, a água se desprende, e traça trêmula um risco na pele antiga da pedra: o Amazonas acaba de nascer. A cada instante ele nasce. Desce devagar, para crescer no chão. Varando verdes, faz o seu caminho e se acrescenta. Águas subterrâneas afloram para abraçar-se com a água que desceu dos Andes. De mais alto ainda, desce a água celeste. Reunidas elas avançam, multiplicadas em infinitos caminhos,

---

[6] NERUDA, Pablo. Amazonas. In: *Canto General*, I, IV, 1938.

[7] REPAM. *Documento Eixo da Fronteira*: Preparação para o Sínodo da Amazônia. Brasil, Tabatinga: 13 de fevereiro de 2019, p. 3; cf. ILSA, n. 8.

banhando a imensa planície [...]. É a Grande Amazônia, toda ela no trópico úmido, com a sua floresta compacta e atordoante, onde ainda palpita, intocada pelo homem, a vida que se foi urdindo nas intimidades da água [...]. Desde que o homem a habita, ergue-se das funduras das suas águas e dos altos centros de sua floresta um terrível temor: a de que essa vida esteja, devagarinho, tomando o rumo do fim".[8]

46. Os poetas populares, enamorados da sua imensa beleza, procuraram expressar o que este rio lhes fazia sentir e a vida que ele oferece à sua passagem, com uma dança de delfins, anacondas, árvores e canoas. Mas lamentam também os perigos que a ameaçam. Estes poetas, contemplativos e proféticos, ajudam a libertar-nos do paradigma tecnocrático e consumista que sufoca a natureza e nos deixa sem uma existência verdadeiramente digna: "Sofre o mundo da transformação dos pés em borracha, das pernas em couro, do corpo em pano e da cabeça em aço [...]. Sofre o mundo da transformação da pá em fuzil, do arado em tanque de guerra, da imagem do semeador que semeia na do autômato com seu lança-chamas, de cuja sementeira brotam solidões. A esse mundo, só a poesia poderá salvar, e a humildade diante da sua voz".[9]

---

[8] MELLO, Amadeu Thiago de. *Amazonas, pátria da água*. São Paulo: Sverner-Bocatto, 1991.

[9] MORAES, Vinícius de. A transformação pela poesia. In: *A Manhã* (Jornal), Rio de Janeiro, 1946.

O grito da Amazônia (47-52)

47. A poesia ajuda a expressar uma dolorosa sensação que muitos compartilhamos hoje. A verdade ineludível é que, nas condições atuais, com esse modo de tratar a Amazônia, tanta riqueza de vida e de tão grande beleza estão "tomando o rumo do fim", embora muitos pretendam continuar a crer que tudo vai bem, como se nada acontecesse:

"Aqueles que pensavam que o rio fosse
uma corda para jogar, enganavam-se.
O rio é uma veia muito sutil sobre a face da terra. [...]
O rio é uma corda onde se agarram os animais
e as árvores.
Se o puxarem demais, o rio poderia rebentar.
Poderia explodir e lavar-nos a cara com a água
e com o sangue."[10]

48. O equilíbrio da terra depende também da saúde da Amazônia. Juntamente com os biomas do Congo e do Bornéu, deslumbra pela diversidade das suas florestas, das quais dependem também os ciclos das chuvas, o equilíbrio do clima e uma grande variedade de seres vivos. Funciona como um grande filtro do dióxido de carbono, que ajuda a evitar o aquecimento

---

[10] GALEANO, Juan Carlos. Los que creyeron. In: *Amazonia y otros poemas*. Bogotá: Editora Universidad Externado de Colombia, 2011, p. 44.

da terra. Em grande parte, o solo é pobre em húmus, de modo que a floresta "cresce realmente sobre o solo e não do solo".[11] Quando se elimina a floresta, ela não é substituída, ficando um terreno com poucos nutrientes que se transforma em um território desértico ou pobre em vegetação. Isso é grave, porque, nas entranhas da floresta amazônica, subsistem inúmeros recursos que poderiam ser indispensáveis para a cura de doenças. Os seus peixes, frutos e outros dons superabundantes enriquecem a alimentação humana. Além disso, em um ecossistema como o amazônico, é incontestável a importância de cada parte para a conservação do todo. As próprias terras costeiras e a vegetação marinha precisam ser fertilizadas pelo que o rio Amazonas arrasta. O grito da Amazônia chega a todos, porque a "conquista e exploração de recursos [...] hoje chega a ameaçar a própria capacidade acolhedora do ambiente: o ambiente como 'recurso' corre o perigo de ameaçar o ambiente como 'casa'".[12] O interesse de algumas empresas poderosas não deveria ser colocado acima do bem da Amazônia e da humanidade inteira.

---

[11] SIOLI, Harald. *A Amazônia*: fundamentos da ecologia da maior região de florestas tropicais. Petrópolis: Vozes, 1985, p. 60.

[12] SÃO JOÃO PAULO II. *Discurso aos participantes no Congresso Internacional sobre "Ambiente e saúde"*, 24 de março de 1997. 2: *Insegnamenti* XX/1 (1997), 521.

49. Não basta prestar atenção à preservação das espécies mais visíveis em risco de extinção. É crucial ter em conta que, "para o bom funcionamento dos ecossistemas, também são necessários os fungos, as algas, os vermes, os pequenos insetos, os répteis e a variedade inumerável de micro-organismos. Algumas espécies pouco numerosas, que habitualmente nos passam despercebidas, desempenham uma função fundamental para estabelecer o equilíbrio de um lugar" (LS, n. 34). E isso facilmente se ignora na avaliação do impacto ambiental dos projetos econômicos de indústrias de extração, de energia, de madeira e outras que destroem e poluem. Além disso a água, que é abundante na Amazônia, é um bem essencial para a sobrevivência humana, mas as fontes de poluição vão aumentando cada vez mais (LS, n. 28-31).

50. Com efeito, além dos interesses econômicos de empresários e políticos locais, existem também "os enormes interesses econômicos internacionais" (LS, n. 38). Por isso, a solução não está em uma "internacionalização" da Amazônia (DAp, n. 86), mas a responsabilidade dos governos nacionais torna-se mais grave. Pela mesma razão, "é louvável a tarefa de organismos internacionais e organizações da sociedade civil que sensibilizam as populações e colaboram de forma crítica, inclusive utilizando legítimos mecanismos de pressão, para que cada governo cumpra o dever próprio

e não delegável de preservar o meio ambiente e os recursos naturais do seu país, sem se vender a espúrios interesses locais ou internacionais" (LS, n. 38).

51. Para cuidar da Amazônia, é bom conjugar a sabedoria ancestral com os conhecimentos técnicos contemporâneos, mas procurando sempre intervir no território de forma sustentável, preservando ao mesmo tempo o estilo de vida e os sistemas de valores dos habitantes (LS, n. 144; 187). A esses, especialmente aos povos nativos, cabe receber, para além da formação básica, a informação completa e transparente dos projetos, com a sua amplitude, os seus efeitos e riscos, para poderem confrontar esta informação com os seus interesses e com o próprio conhecimento do local e, assim, dar ou negar o seu consentimento ou então propor alternativas (LS, n. 183).

52. Os mais poderosos nunca ficam satisfeitos com os lucros que obtêm, e os recursos do poder econômico têm aumentado muito com o desenvolvimento científico e tecnológico. Por isso, todos deveríamos insistir na urgência de "criar um sistema normativo que inclua limites invioláveis e assegure a proteção dos ecossistemas, antes que as novas formas de poder derivadas do paradigma tecnoeconômico acabem por arrasá-los não só com a política, mas também com a liberdade e a justiça" (LS, n. 53). Se a chamada por Deus exige uma escuta atenta do grito dos pobres e ao

mesmo tempo da terra (LS, n. 49), para nós "o grito da Amazônia ao Criador é semelhante ao grito do povo de Deus no Egito (Ex 3,7). É um grito desde a escravidão e o abandono, que clama por liberdade".[13]

A profecia da contemplação (53-57)

53. Muitas vezes, deixamos que a consciência se torne insensível, porque "constante distração nos tira a coragem de tomar consciência da realidade de um mundo limitado e finito" (LS, n. 56). Se nos detivermos na superfície, pode parecer "que as coisas não estejam assim tão graves e que o planeta poderia subsistir ainda por muito tempo nas condições atuais. Este comportamento evasivo serve-nos para mantermos os nossos estilos de vida, de produção e consumo. É a forma como o ser humano se organiza para alimentar todos os vícios autodestrutivos: tenta não vê-los, luta para não reconhecê-los, adia as decisões importantes, age como se nada tivesse acontecido" (LS, n. 59).

54. Além de tudo isso, quero lembrar que cada uma das diferentes espécies tem valor em si mesma. Ora, "anualmente, desaparecem milhares de espécies vegetais e animais, que já não poderemos conhecer, que os nossos filhos não poderão ver, perdidas para

---

[13] Documento Preparatório do Sínodo dos Bispos para a Assembleia Especial para a Região Pan-Amazônica, n. 8.

sempre. A grande maioria delas extingue-se por razões que têm a ver com alguma atividade humana. Por nossa causa, milhares de espécies já não darão glória a Deus com a sua existência, nem poderão comunicar-nos a sua própria mensagem. Não temos direito de fazê-lo" (LS, n. 33).

55. Aprendendo com os povos nativos, podemos *contemplar* a Amazônia, e não apenas analisá-la, para reconhecer esse precioso mistério que nos supera; podemos *amá-la*, e não apenas usá-la, para que o amor desperte um interesse profundo e sincero; mais ainda, podemos *sentir-nos intimamente unidos a ela*, e não só defendê-la: e então a Amazônia tornar-se-á nossa como uma mãe. Porque se "contempla o mundo, não como alguém que está fora dele, mas dentro, reconhecendo os laços com que o Pai nos uniu a todos os seres" (LS, n. 220).

56. Despertemos o sentido estético e contemplativo que Deus colocou em nós e que, às vezes, deixamos atrofiar. Lembremo-nos de que, "quando não se aprende a parar, a fim de admirar e apreciar o que é belo, não surpreende que tudo se transforme em objeto de uso e abuso sem escrúpulos" (LS, n. 215). Pelo contrário, se entrarmos em comunhão com a floresta, facilmente a nossa voz se unirá à dela e transformar-se-á em oração: "Deitados à sombra de um velho eucalipto, a nossa

oração de luz mergulha no canto da folhagem eterna".[14] Tal conversão interior é que nos permitirá chorar pela Amazônia e gritar com ela diante do Senhor.

57. Jesus disse: "Não se vendem cinco pardais por duas moedinhas? No entanto, nenhum deles é esquecido diante de Deus" (Lc 12,6). Deus Pai, que criou com infinito amor cada ser do universo, chama-nos a ser seus instrumentos para escutar o grito da Amazônia. Se acudirmos a este clamor angustiado, tornar-se-á manifesto que as criaturas da Amazônia não foram esquecidas pelo Pai do céu. Segundo os cristãos, o próprio Jesus nos chama a partir delas, "porque o Ressuscitado as envolve misteriosamente e guia para um destino de plenitude. As próprias flores do campo e as aves que ele, admirado, contemplou com seus olhos humanos, agora estão cheias da sua presença luminosa" (LS, n. 100). Por todas estas razões, nós, os fiéis, encontramos na Amazônia um lugar teológico, um espaço onde o próprio Deus se manifesta e chama seus filhos.

Educação e hábitos ecológicos (58-60)

58. Assim, podemos dar mais um passo e lembrar que uma ecologia integral não se dá por satisfeita com ajustes de questões técnicas ou com decisões políticas,

---

[14] SUI YUN. *Cantos para o mendigo e o rei*. Wiesbaden, 2000.

jurídicas e sociais. A grande ecologia sempre inclui um aspecto educativo, que provoca o desenvolvimento de novos hábitos nas pessoas e nos grupos humanos. Infelizmente, muitos habitantes da Amazônia adquiriram costumes próprios das grandes cidades, onde já estão muito enraizados o consumismo e a cultura do descarte. Não haverá uma ecologia sã e sustentável, capaz de transformar seja o que for, se não mudarem as pessoas, se não forem incentivadas a adotar outro estilo de vida, menos voraz, mais sereno, mais respeitador, menos ansioso, mais fraterno.

59. De fato, "quanto mais vazio está o coração da pessoa, tanto mais necessita de objetos para comprar, possuir e consumir. Em tal contexto, parece não ser possível, para uma pessoa, aceitar que a realidade lhe assinale limites; [...] não pensemos só na possibilidade de terríveis fenômenos climáticos ou de grandes desastres naturais, mas também nas catástrofes resultantes de crises sociais, porque a obsessão por um estilo de vida consumista, sobretudo, quando poucos têm possibilidades de mantê-lo, só poderá provocar violência e destruição recíproca" (LS, n. 204).

60. A Igreja, com sua longa experiência espiritual, sua consciência renovada sobre o valor da criação, sua preocupação com a justiça, sua opção pelos últimos, sua tradição educativa e sua história de encarnação em culturas tão diferentes de todo o mundo, deseja,

por sua vez, prestar sua contribuição para o cuidado e o crescimento da Amazônia.

Isso dá lugar ao novo sonho, que pretendo partilhar mais diretamente com os pastores e os fiéis católicos.

Capítulo IV

UM SONHO ECLESIAL

61. A Igreja é chamada a caminhar com os povos da Amazônia. Na América Latina, essa caminhada teve expressões privilegiadas, como a Conferência dos Bispos em Medellín (1968) e a sua aplicação à Amazônia em Santarém (1972);[1] e, depois, em Puebla (1979), Santo Domingo (1992) e Aparecida (2007). O caminho continua e o trabalho missionário, se quiser desenvolver uma Igreja com rosto amazônico, precisa crescer em uma cultura do encontro rumo a uma "harmonia pluriforme" (EG, n. 220). Mas, para tornar possível essa encarnação da Igreja e do Evangelho, deve ressoar incessantemente o grande anúncio missionário.

O anúncio indispensável na Amazônia (62-65)

62. Perante tantas necessidades e angústias que clamam do coração da Amazônia, é possível responder

---

[1] Cf. IV Encontro Pastoral da Amazônia: Linhas Prioritárias da Pastoral da Amazônia. Santarém, 24 a 30 de maio de 1972; II Encontro Inter-Regional de Pastoral: Linhas Prioritárias da Pastoral da Amazônia. Manaus, 1974. In: CNBB. *Desafio missionário*: Documentos da Igreja na Amazônia. Brasília: Edições CNBB, 2014, p. 9-28; p. 67-84.

a partir de organizações sociais, recursos técnicos, espaços de debate, programas políticos, e tudo isso pode fazer parte da solução. Mas, como cristãos, não renunciamos à proposta de fé que recebemos do Evangelho. Embora queiramos empenhar-nos lado a lado com todos, não nos envergonhamos de Jesus Cristo. Para quantos o encontraram, vivem na sua amizade e se identificam com a sua mensagem, é inevitável falar dele e levar aos outros a sua proposta de vida nova: "Ai de mim, se eu não anuncio o evangelho!" (1Cor 9,16).

63. A autêntica opção pelos mais pobres e abandonados, ao mesmo tempo que nos impele a libertá-los da miséria material e defender os seus direitos, implica propor-lhes a amizade com o Senhor que os promove e dignifica. Seria triste se recebessem de nós um código de doutrinas ou um imperativo moral, mas não o grande anúncio salvífico, aquele grito missionário que visa ao coração e dá sentido a todo o resto. Nem podemos nos contentar com uma mensagem social. Se dermos a vida por eles, pela justiça e a dignidade que merecem, não podemos lhes ocultar que fazemos isso porque reconhecemos Cristo neles e porque descobrimos a imensa dignidade a eles concedida por Deus Pai que os ama infinitamente.

64. Eles têm direito ao anúncio do Evangelho, sobretudo àquele primeiro anúncio que se chama querigma e "é o anúncio *principal*, aquele que sempre se

tem de voltar a ouvir de diferentes maneiras e aquele que sempre se tem de voltar a anunciar, de uma forma ou de outra [...]" (EG, n. 164). É o anúncio de um Deus que ama infinitamente cada ser humano, que manifestou plenamente este amor em Cristo crucificado por nós e ressuscitado na nossa vida. Proponho voltar a ler um breve resumo desse conteúdo no capítulo IV da Exortação *Christus Vivit*. Esse anúncio deve ressoar constantemente na Amazônia, expresso em muitas modalidades distintas. Sem esse anúncio apaixonado, cada estrutura eclesial transformar-se-á em mais uma ONG e, assim, não responderemos ao pedido de Jesus Cristo: "Ide pelo mundo inteiro e proclamai o Evangelho a toda criatura!" (Mc 16,15).

65. Qualquer proposta de amadurecimento na vida cristã precisa ter esse anúncio como eixo permanente, porque "toda a formação cristã é, primariamente, o aprofundamento do *querigma* que se vai, cada vez mais e melhor, fazendo carne [...]" (EG, n. 165). A reação fundamental a esse anúncio, quando ele consegue provocar um encontro pessoal com o Senhor, é a caridade fraterna, aquele "mandamento novo que é o primeiro, o maior, o que melhor nos identifica com os discípulos" (EG, n. 161). Desse modo, o querigma e o amor fraterno constituem a grande síntese de todo o conteúdo do Evangelho, que não se pode deixar de propor na Amazônia. É o que viveram grandes

evangelizadores da América Latina como São Toríbio de Mogrovejo ou São José de Anchieta.

A inculturação (66-69)

66. Ao mesmo tempo que anuncia sem cessar o querigma, a Igreja deve crescer na Amazônia. Para isso, não para de moldar a própria identidade na escuta e diálogo com as pessoas, realidades e histórias do território. Dessa forma, será possível desenvolver, cada vez mais, um processo necessário de inculturação, que nada despreza do bem que já existe nas culturas amazônicas, mas recebe-o e leva-o à plenitude à luz do Evangelho.[2] E também não despreza a riqueza de sabedoria cristã transmitida ao longo dos séculos, como se pretendesse ignorar a história na qual Deus operou de várias maneiras, porque a Igreja possui um rosto pluriforme, vista "não só da perspectiva espacial [...], mas também da

---

[2] Assim o refere o Concílio Vaticano II, no n. 44 da Constituição *Gaudium et Spes*: "Desde o início de sua história, ela [a Igreja] aprendeu a expressar a mensagem de Cristo através dos conceitos e línguas dos diversos povos e, além disso, procurou ilustrá-la com a sabedoria dos filósofos, a fim de, enquanto possível, adaptar o Evangelho tanto à compreensão de todos quanto às exigências dos sábios. Ora, esta pregação adaptada da Palavra revelada deve permanecer a lei de toda a evangelização, pois, desse modo, estimula-se em cada nação a possibilidade de expressar a mensagem de Cristo a seu modo e, ao mesmo tempo, promove-se um vivo intercâmbio entre a Igreja e as diversas culturas dos povos" (CONCÍLIO VATICANO II. Constituição *Gaudium et Spes*: sobre a Igreja no mundo de hoje. São Paulo: Paulinas, 2007, n. 44).

sua realidade temporal".[3] Trata-se da Tradição autêntica da Igreja, que não é um depósito estático nem uma peça de museu, mas a raiz de uma árvore que cresce.[4] É a Tradição milenar que testemunha a ação divina no seu povo e cuja "missão é mais a de manter vivo o fogo do que conservar as suas cinzas".[5]

67. São João Paulo II ensinou que a Igreja, ao apresentar a sua proposta evangélica, "não pretende negar a autonomia da cultura. Antes pelo contrário, nutre por ela o maior respeito, [porque a cultura] não é só sujeito de redenção e de elevação; mas pode ter também um papel de mediação e de colaboração".[6] E, dirigindo-se aos indígenas do Continente Americano, lembrou que "uma fé que não se torna cultura é uma fé não de modo pleno acolhida, não inteiramente pensada, nem com fidelidade vivida".[7] Os desafios das culturas

---

[3] FRANCISCO. *Carta ao Povo de Deus que peregrina na Alemanha*, 29 de junho de 2019, n. 9.

[4] Cf. LERINS, São Vicente de. *Commonitorium primum*. Cap. 23: *PL 50*, 668: *"Ut annis scilicet consolidetur, dilatetur tempore, sublimetur aetate"* [Fortalece-se com o decorrer dos anos, desenvolve-se com o andar dos tempos, cresce através das idades].

[5] FRANCISCO. *Carta ao Povo de Deus que peregrina na Alemanha*, 29 de junho de 2019, n. 9; cf. a expressão atribuída a Gustav Mahler: "A tradição é a salvaguarda do futuro, não a conservação das cinzas".

[6] SÃO JOÃO PAULO II. *Discurso no encontro com os professores universitários e os homens de cultura*. Coimbra, 15 de maio de 1982. 5: *Insegnamenti* V/2 (1982), 1702-1703.

[7] SÃO JOÃO PAULO II. *Mensagem aos indígenas do Continente Americano*. Santo Domingo, 12 de outubro de 1992. 6: *Insegnamenti*, XV/2 (1982), 346; cf.

convidam a Igreja a uma "atitude de prudente sentido crítico, mas também de atenção e confiança" (VC, n. 98).[8]

68. Vale a pena lembrar aqui o que afirmei na Exortação *Evangelii Gaudium* a propósito da inculturação: esta se baseia na convicção de que "a graça supõe a cultura, e o dom de Deus encarna-se na cultura de quem o recebe" (EG, n. 115). Notemos que isso implica um duplo movimento: por um lado, uma dinâmica de fecundação que permite expressar o Evangelho em um lugar concreto, pois, "quando uma comunidade acolhe o anúncio da salvação, o Espírito Santo fecunda a sua cultura com a força transformadora do Evangelho" (EG, n. 116); por outro, a própria Igreja vive um caminho de recepção, que a enriquece com aquilo que o Espírito já tinha misteriosamente semeado naquela cultura. Assim, "o Espírito Santo embeleza a Igreja, mostrando-lhe novos aspectos da Revelação e presenteando-a com um novo rosto" (EG, n. 116). Trata-se, em última instância, de permitir e incentivar que o anúncio do Evangelho inexaurível, comunicado "com categorias próprias da cultura onde é anunciado, provoque uma nova síntese com essa cultura" (EG, n. 129).

SÃO JOÃO PAULO II. *Discurso aos participantes no I Congresso Nacional do Movimento Eclesial de Empenho Cultural*. Roma, 16 de janeiro de 1982. 2: *Insegnamenti*, V/1 (1982), 131.

[8] SÃO JOÃO PAULO II. Exortação Apostólica pós-Sinodal *Vita Consecrata*: sobre a vida consagrada e sua missão na Igreja e no mundo. São Paulo: Paulinas, 2015.

69. Por isso, "como podemos ver na história da Igreja, o cristianismo não dispõe de um único modelo cultural" (EG, n. 116) e "não faria justiça à lógica da encarnação pensar em um cristianismo monocultural e monocórdico" (EG, n. 117). Entretanto, o risco dos evangelizadores que chegam a um lugar é julgar que devem não só comunicar o Evangelho, mas também a cultura em que cresceram, esquecendo que não se trata de "impor uma determinada forma cultural, por mais bela e antiga que seja [...]" (EG, n. 117). É necessário aceitar corajosamente a novidade do Espírito capaz de criar sempre algo de novo com o tesouro inesgotável de Jesus Cristo, porque "a inculturação empenha a Igreja em um caminho difícil mas necessário".[9] É verdade que, "embora estes processos sejam sempre lentos, às vezes o medo paralisa-nos demasiado" e acabamos como "espectadores de uma estagnação estéril da Igreja" (EG, n. 129). Não tenhamos medo, não cortemos as asas ao Espírito Santo.

Caminhos de inculturação na Amazônia (70-74)

70. Para conseguir uma renovada inculturação do Evangelho na Amazônia, a Igreja precisa escutar

---

[9] SÃO JOÃO PAULO II. *Discurso à Assembleia Plenária do Pontifício Conselho para a Cultura.* 17 de janeiro de 1987. 5: *Insegnamenti* X/1 (1987), 125.

a sua sabedoria ancestral, voltar a dar voz aos idosos, reconhecer os valores presentes no estilo de vida das comunidades nativas, recuperar a tempo as preciosas narrações dos povos. Na Amazônia, já recebemos riquezas que provêm das culturas pré-colombianas, tais "como a abertura à ação de Deus, o sentido da gratidão pelos frutos da terra, o caráter sagrado da vida humana e a valorização da família, o sentido de solidariedade e a corresponsabilidade no trabalho comum, a importância do cultual, a crença em uma vida para além da terrena e tantos outros valores" (DSD, n. 17).[10]

71. Nesse contexto, os povos indígenas da Amazônia expressam a autêntica qualidade de vida como um "bem viver", que implica uma harmonia pessoal, familiar, comunitária e cósmica e manifesta-se no seu modo comunitário de conceber a existência, na capacidade de encontrar alegria e plenitude em uma vida austera e simples, bem como no cuidado responsável da natureza que preserva os recursos para as gerações futuras. Os povos aborígenes podem ajudar-nos a descobrir o que é uma sobriedade feliz e, nesta linha, "têm muito para nos ensinar" (EG, n. 198). Sabem ser felizes com pouco, desfrutam dos pequenos dons de Deus sem acumular tantas coisas, não destroem sem necessidade,

---

[10] CELAM. *Documento de Santo Domingo*: Conclusões da IV Conferência Geral do Episcopado Latino-Americano. República Dominicana, Santo Domingo, outubro de 1992.

preservam os ecossistemas e reconhecem que a terra, ao mesmo tempo que se oferece para sustentar a sua vida, como uma fonte generosa, tem um sentido materno que suscita respeitosa ternura. Tudo isso deve ser valorizado e recebido na evangelização.[11]

72. Enquanto lutamos por eles e com eles, somos chamados "a ser seus amigos, a escutá-los, a compreendê-los e a acolher a misteriosa sabedoria que Deus nos quer comunicar através deles" (EG, n. 198). Os habitantes das cidades precisam apreciar essa sabedoria e deixar-se "reeducar" quanto ao consumismo ansioso e ao isolamento urbano. A própria Igreja pode ser um veículo capaz de ajudar essa recuperação cultural em uma válida síntese com o anúncio do Evangelho. Além disso, torna-se instrumento de caridade, à medida que as comunidades urbanas forem não apenas missionárias no seu ambiente, mas também acolhedoras dos pobres que chegam do interior atormentados pela miséria. Igualmente, à medida que as comunidades estiverem próximas dos jovens migrantes para ajudá-los a integrarem-se na cidade sem cair nas suas redes de degradação. Tais ações eclesiais, que brotam do amor, são caminhos valiosos dentro de um processo de inculturação.

---

[11] Cf. RATZINGER, Joseph. *Diálogos sobre a fé*. Prefácio de Vittorio Messori. Lisboa: Editora Verbo, 2005, p. 159-165.

73. Mas a inculturação eleva e dá plenitude. Sem dúvida, há que se apreciar a espiritualidade indígena da interconexão e interdependência de todo a criação, espiritualidade de gratuidade que ama a vida como dom, espiritualidade de sacra admiração perante a natureza que nos cumula com tanta vida. Apesar disso, trata-se também de conseguir que esta relação com Deus presente no cosmos se torne cada vez mais uma relação pessoal com um "tu", que sustenta a própria realidade e lhe quer dar um sentido, um "tu" que nos conhece e ama:

"Flutuam sombras de mim, madeiras mortas.
Mas a estrela nasce sem censura
sobre as mãos deste menino, especialistas
que conquistam as águas e a noite.
Bastar-me-á saber
que tu me conheces
inteiramente, ainda antes dos meus dias".[12]

74. De igual modo, a relação com Jesus Cristo, verdadeiro Deus e verdadeiro homem, libertador e redentor, não é inimiga dessa visão do mundo marcadamente cósmica que caracteriza esses povos, porque ele é também o Ressuscitado que penetra todas as coisas.[13]

---

[12] CASALDÁLIGA, Pedro. Carta de navegar (pelo Tocantins amazônico). In: *El tiempo y la espera,* Santander, 1986.

[13] Como explica São Tomás de Aquino: "A maneira como Deus está nas coisas

Segundo a experiência cristã, "todas as criaturas do universo material encontram o seu verdadeiro sentido no Verbo encarnado, porque o Filho de Deus incorporou na sua pessoa parte do universo material, onde introduziu um gérmen de transformação definitiva" (LS, n. 235). Ele está, gloriosa e misteriosamente, presente no rio, nas árvores, nos peixes, no vento, enquanto é o Senhor que reina sobre a criação sem perder as suas chagas transfiguradas e, na Eucaristia, assume os elementos do mundo dando a cada um o sentido do dom pascal.

Inculturação social e espiritual (75-76)

75. Essa inculturação, atendendo à situação de pobreza e abandono de tantos habitantes da Amazônia, deverá necessariamente ter um timbre marcadamente social e caracterizar-se por uma defesa firme dos direitos humanos, fazendo resplandecer o rosto de Cristo que "quis, com ternura especial, identificar-se com os mais frágeis e pobres" (DPb, n. 196). Pois, "a partir do coração do Evangelho, reconhecemos a conexão íntima que existe entre evangelização e promoção humana" (EG, n. 178), e isso exige das comunidades cristãs um claro empenho com o Reino de justiça na promoção dos

---

é tríplice: uma é comum, por essência, presença e poder; outra, pela graça nos seus santos; a terceira, singular de Cristo, pela união" (*Ad Colossenses*, c. II, *lectio* 2).

descartados. Para isso, é sumamente importante uma adequada formação dos agentes pastorais na Doutrina Social da Igreja.

76. Ao mesmo tempo, a inculturação do Evangelho na Amazônia deve integrar melhor a dimensão social com a espiritual, para que os mais pobres não tenham necessidade de buscar fora da Igreja uma espiritualidade que dê resposta aos anseios da sua dimensão transcendente. Naturalmente, não se trata de uma religiosidade alienante ou individualista que faça calar as exigências sociais de uma vida mais digna, mas também não se trata de mutilar a dimensão transcendente e espiritual como se bastasse ao ser humano o desenvolvimento material. Isto nos convida não só a combinar as duas coisas, mas também a ligá-las intimamente. Desse modo resplandecerá a verdadeira beleza do Evangelho, que é plenamente humanizadora, dá plena dignidade às pessoas e aos povos, cumula o coração e a vida inteira.

Pontos de partida para uma santidade amazônica (77-80)

77. Assim poderão nascer testemunhos de santidade com rosto amazônico, que não sejam cópias de modelos de outros lugares, santidade feita de encontro e dedicação, de contemplação e serviço, de solidão

acolhedora e vida comum, de jubilosa sobriedade e luta pela justiça. Chega-se a essa santidade "cada um por seu caminho" (LG, n. 11;[14] cf. EG, n. 10-11), e isso se aplica também aos povos, nos quais a graça se encarna e brilha com traços distintivos. Imaginemos uma santidade com traços amazônicos, chamada a interpelar a Igreja universal.

78. Um processo de inculturação, que implica caminhos não só individuais, mas também comunitários, exige um amor ao povo cheio de respeito e compreensão. Em boa parte da Amazônia, esse processo já começou. Há mais de quarenta anos, os bispos da Amazônia do Peru assinalavam que, em muitos dos grupos presentes naquela região, "o sujeito de evangelização, modelado por uma cultura própria, multiforme e mutável, está inicialmente evangelizado", pois possui "certos traços de catolicismo popular que, embora em um primeiro tempo talvez tenham sido promovidos por agentes pastorais, atualmente são uma realidade que o povo assumiu e até mudou o seu significado transmitindo-os de geração em geração".[15] Não nos apressemos a qualificar como superstição ou paganismo certas expressões religiosas

---

[14] CONCÍLIO VATICANO II. Constituição Dogmática *Lumen Gentium*: sobre a Igreja. 23. ed. São Paulo: Paulinas, 2011.

[15] VICARIATOS APOSTÓLICOS DA AMAZÔNIA PERUANA. Segunda asamblea episcopal regional de la selva. Perú, San Ramón, 5 de outubro de 1973. In: *Éxodo de la Iglesia en la Amazonia*: Documentos pastorales de la Iglesia en la Amazonia peruana. Iquitos, 1976, p. 121.

que nascem, espontaneamente, da vida do povo. Antes, é necessário saber reconhecer o trigo que cresce no meio do joio, porque, "na piedade popular, pode-se captar a modalidade em que a fé recebida se encarnou em uma cultura e continua a transmitir-se" (EG, n. 123).

79. É possível receber, de alguma forma, um símbolo indígena sem o qualificar necessariamente como idolátrico. Um mito denso de sentido espiritual pode ser valorizado, sem que se continue a considerá-lo um extravio pagão. Algumas festas religiosas contêm um significado sagrado e são espaços de reunião e fraternidade, embora se exija um lento processo de purificação e maturação. Um verdadeiro missionário procura descobrir as aspirações legítimas que passam através das manifestações religiosas, às vezes imperfeitas, parciais ou equivocadas, e tenta dar-lhes resposta a partir de uma espiritualidade inculturada.

80. Será, sem dúvida, uma espiritualidade centrada no único Deus e Senhor, mas ao mesmo tempo capaz de entrar em contato com as necessidades diárias das pessoas que procuram uma vida digna, querem usufruir as coisas belas da existência, encontrar a paz e a harmonia, resolver as crises familiares, curar as suas doenças, ver os seus filhos crescerem felizes. O pior perigo seria afastá-los do encontro com Cristo, apresentando-o como um inimigo da alegria ou como alguém que é indiferente às aspirações e angústias

humanas (GeE, n. 32).[16] Hoje é indispensável mostrar que a santidade não priva as pessoas de "forças, vida e alegria" (GeE, n. 32).

A inculturação da liturgia (81-84)

81. A inculturação da espiritualidade cristã nas culturas dos povos nativos encontra, nos sacramentos, um caminho particularmente valioso, porque neles se unem o divino e o cósmico, a graça e a criação. Na Amazônia, os sacramentos não deveriam ser vistos como separação da criação, pois "constituem um modo privilegiado em que a natureza é assumida por Deus e transformada em mediação da vida sobrenatural" (LS, n. 235). São uma plenificação da criação, na qual a natureza é elevada para ser lugar e instrumento da graça, para "abraçar o mundo em um plano diferente" (LS, n. 235).

82. Na Eucaristia vemos que, "no apogeu do mistério da Encarnação, o Senhor quer chegar ao nosso íntimo através de um pedaço de matéria. [...] [Ela] une o céu e a terra, abraça e penetra toda a criação" (LS, n. 236). Por isso, a Eucaristia pode ser "fonte de luz e motivação para as nossas preocupações pelo meio ambiente, e leva-nos a sermos guardiões da criação inteira" (LS,

---

[16] FRANCISCO. Exortação Apostólica *Gaudete et Exsultate*: sobre o chamado à santidade no mundo atual. São Paulo: Paulinas, 2018.

n. 236). Assim, "não fugimos do mundo, nem negamos a natureza, quando queremos encontrar-nos com Deus" (LS, n. 235). Isso nos permite receber na liturgia muitos elementos próprios da experiência dos indígenas no seu contato íntimo com a natureza e estimular expressões autóctones em cantos, danças, ritos, gestos e símbolos. O Concílio Vaticano II solicitou esse esforço de inculturação da liturgia nos povos indígenas (SC, n. 37-40; 65; 77; 81),[17] mas passaram-se já mais de cinquenta anos e pouco avançamos nessa linha.[18]

83. No domingo, "a espiritualidade cristã integra o valor do repouso e da festa. O ser humano tende a reduzir o descanso contemplativo ao âmbito do estéril ou do inútil, esquecendo que desse modo se tira da obra realizada o mais importante: o seu significado. Na nossa atividade, somos chamados a incluir uma dimensão receptiva e gratuita" (LS, n. 237). Os povos nativos conhecem essa gratuidade e esse sadio lazer contemplativo. As nossas celebrações deveriam ajudá-los a viver essa experiência na liturgia dominical e encontrar a luz da Palavra e da Eucaristia que ilumina as nossas vidas concretas.

---

[17] CONCÍLIO VATICANO II. Constituição *Sacrosanctum Concilium*: sobre a Sagrada Liturgia. São Paulo: Paulinas, 2007.

[18] No Sínodo, surgiu a proposta de se elaborar um "rito amazônico".

84. Os sacramentos mostram e comunicam o Deus próximo que vem, com misericórdia, curar e fortalecer os seus filhos. Por isso, devem ser acessíveis, sobretudo aos pobres, e nunca devem ser negados por razões de dinheiro. Nem é admissível, em face dos pobres e abandonados da Amazônia, uma disciplina que exclua e afaste, porque assim acabam descartados por uma Igreja transformada em alfândega. Pelo contrário, "nas situações difíceis em que vivem as pessoas mais necessitadas, a Igreja deve dedicar especial atenção em compreender, consolar e integrar, evitando impor-lhes um conjunto de normas, tendo como resultado fazê-las sentirem-se julgadas e abandonadas precisamente pela Mãe que é chamada a levar-lhes a misericórdia de Deus" (AL, n. 49; 305).[19] Segundo a Igreja, a misericórdia pode tornar-se mera expressão romântica, se não se manifestar concretamente no serviço pastoral (AL, n. 296; 308).

A inculturação do ministério (85-90)

85. A inculturação deve desenvolver-se e espelhar-se também em uma forma encarnada de realizar a organização eclesial e o ministério. Se a espiritualidade é inculturada, se a santidade é inculturada, se o próprio

---

[19] FRANCISCO. Exortação Apostólica *Amoris Laetitia*: sobre o amor na família. São Paulo: Paulinas, 2018.

Evangelho é inculturado, será possível evitar pensar em uma inculturação do modo como se estruturam e vivem os ministérios eclesiais? A pastoral da Igreja tem uma presença precária na Amazônia, devido em parte à imensa extensão territorial, com muitos lugares de difícil acesso, grande diversidade cultural, graves problemas sociais e a própria opção de alguns povos se isolarem. Isso não pode deixar-nos indiferentes, exigindo uma resposta específica e corajosa da Igreja.

86. É necessário conseguir que o ministério se configure de tal maneira que esteja a serviço de uma maior frequência da celebração da Eucaristia, mesmo nas comunidades mais remotas e escondidas. Em Aparecida, convidou-se a ouvir o lamento de tantas comunidades na Amazônia "privadas da Eucaristia dominical por longos períodos de tempo" (DAp, n. 100, e). Mas, ao mesmo tempo, há necessidade de ministros que possam compreender a partir de dentro a sensibilidade e as culturas amazônicas.

87. O modo de configurar a vida e o exercício do ministério dos sacerdotes não é monolítico, adquirindo matizes diferentes nos vários lugares da terra. Por isso, é importante determinar o que é mais específico do sacerdote, o que não se pode delegar. A resposta está no sacramento da Ordem sacra, que o configura a Cristo sacerdote. E a primeira conclusão é que esse caráter exclusivo recebido na Ordem deixa só ele habilitado para

presidir à Eucaristia.[20] Esta é a sua função específica, principal e não delegável. Alguns pensam que o que distingue o sacerdote é o poder, o fato de ser a máxima autoridade da comunidade, mas São João Paulo II explicou que, embora o sacerdócio seja considerado "hierárquico", esta função não equivale a estar acima dos outros, mas "ordena-se integralmente à santidade dos membros do corpo místico de Cristo".[21] Quando se afirma que o sacerdote é sinal de "Cristo cabeça", o significado principal é que Cristo constitui a fonte da graça: ele é cabeça da Igreja "porque tem o poder de comunicar a graça a todos os membros da Igreja".[22]

88. O sacerdote é sinal desta Cabeça que derrama a graça, antes de tudo, quando celebra a Eucaristia, fonte e cume de toda a vida cristã (PO, n. 22).[23] Esse é o seu grande poder, que só pode ser recebido no sacramento da Ordem. Por isso, apenas ele pode dizer: "Isto é o *meu* corpo". Há outras palavras que só ele pode pronunciar: "Eu te absolvo dos teus pecados"; pois o perdão

---

[20] Cf. CONGREGAÇÃO PARA A DOUTRINA DA FÉ. Carta aos Bispos da Igreja Católica sobre algumas questões concernentes ao Ministro da Eucaristia *Sacerdotium ministeriale*. 6 de agosto de 1983. *AAS* 75 (1983), 1001-1009.

[21] SÃO JOÃO PAULO II. Carta Apostólica *Mulieris dignitatem*. 15 de agosto de 1988, n. 27. *AAS* 80 (1988), 1718.

[22] SÃO TOMÁS DE AQUINO. *Summa Theologiae* III, q. 8, a. 1, resp.

[23] Cf. CONCÍLIO VATICANO II. Decreto *Presbyterorum Ordinis*. In: SANTA SÉ. *Concílio Ecumênico Vaticano II*: Documentos. Brasília: Edições CNBB, 2018, p. 589-636.

sacramental está a serviço de uma celebração eucarística digna. Nesses dois sacramentos, está o coração da sua identidade exclusiva.[24]

89. Nas circunstâncias específicas da Amazônia, especialmente nas suas florestas e lugares mais remotos, é preciso encontrar um modo para assegurar esse ministério sacerdotal. Os leigos poderão anunciar a Palavra, ensinar, organizar as suas comunidades, celebrar alguns sacramentos, buscar várias expressões para a piedade popular e desenvolver os múltiplos dons que o Espírito derrama neles. Mas precisam da celebração da Eucaristia, porque ela "faz a Igreja",[25] e chegamos a dizer que "nenhuma comunidade cristã se edifica sem ter a sua raiz e o seu centro na celebração da Santíssima Eucaristia" (PO, n. 6). Se acreditamos verdadeiramente que as coisas são assim, é urgente fazer com que os povos amazônicos não estejam privados do Alimento de vida nova e do sacramento do perdão.

90. Essa premente necessidade leva-me a exortar todos os bispos, especialmente os da América Latina,

---

[24] Também é próprio do sacerdote administrar a Unção dos Enfermos, por estar intimamente ligada ao perdão dos pecados: "E, se tiver cometido pecados, receberá o perdão" (Tg 5,15).

[25] CIgC, n. 1396 (SANTA SÉ. *Catecismo da Igreja Católica*. São Paulo: Paulinas/Ave-Maria/Loyola, 1993); cf. EdE, n. 26 (SÃO JOÃO PAULO II. Carta Encíclica *Ecclesia de Eucharistia*: sobre a Eucaristia na sua relação com a Igreja. São Paulo: Paulinas, 2003); LUBAC, Henry de. *Meditation sur l'Église*. Paris, 1968, p. 101.

a promover a oração pelas vocações sacerdotais e também a ser mais generosos, levando os que demonstram vocação missionária a optar pela Amazônia.[26] Ao mesmo tempo, é oportuno rever a fundo a estrutura e o conteúdo tanto da formação inicial como da formação permanente dos presbíteros, de modo que adquiram as atitudes e capacidades necessárias para dialogar com as culturas amazônicas. Essa formação deve ser eminentemente pastoral e favorecer o crescimento da misericórdia sacerdotal.[27]

Comunidades cheias de vida (91-98)

91. A Eucaristia é também o grande sacramento que significa e realiza a *unidade* da Igreja (LG, n. 3), celebrando-se "para que, de estranhos, dispersos e indiferentes uns aos outros, nos tornemos unidos, iguais e amigos".[28] Quem preside à Eucaristia deve ter como objetivo a comunhão, que, longe de ser uma unidade empobrecida, acolhe a múltipla riqueza de dons e carismas que o Espírito derrama na comunidade.

---

[26] Impressiona o fato de haver, em alguns países da bacia amazônica, mais missionários para a Europa ou os Estados Unidos do que para ajudar nos próprios Vicariatos da Amazônia.

[27] No Sínodo, falou-se também da falta de Seminários para a formação sacerdotal de pessoas indígenas.

[28] SÃO PAULO VI. *Homilia na Solenidade do Santíssimo Corpo e Sangue de Cristo.* 17 de junho de 1965. In: *Insegnamenti* III, 1965, 358.

92. Ora a Eucaristia, como fonte e cume, exige que se desenvolva essa riqueza multiforme. São necessários sacerdotes, mas isso não exclui que ordinariamente os diáconos permanentes – que deveriam ser muitos mais na Amazônia –, as religiosas e os próprios leigos assumam responsabilidades importantes em vista do crescimento das comunidades e amadureçam no exercício de tais funções, graças a um adequado acompanhamento.

93. Portanto, não se trata apenas de facilitar uma presença maior de ministros ordenados que possam celebrar a Eucaristia. Isso seria um objetivo muito limitado, se não procurássemos também suscitar uma nova vida nas comunidades. Precisamos promover o encontro com a Palavra e o amadurecimento na santidade por meio de vários serviços laicais, que supõem um processo de maturação – bíblica, doutrinal, espiritual e prática – e distintos percursos de formação permanente.

94. Uma Igreja de rostos amazônicos requer a presença estável de responsáveis leigos, maduros e dotados de autoridade,[29] que conheçam as línguas, as culturas, a experiência espiritual e o modo de viver em comunidade de cada lugar, ao mesmo tempo que deixem

---

[29] É possível, por escassez de sacerdotes, que o Bispo confie uma "participação no exercício do serviço pastoral da paróquia [...] a um diácono ou a outra pessoa que não possua o caráter sacerdotal, ou a uma comunidade" (CIC, cân. 517, § 2).

espaço à multiplicidade dos dons que o Espírito Santo semeia em todos. Com efeito, onde houver uma necessidade peculiar, ele já infundiu carismas que permitam dar-lhe resposta. Isso requer na Igreja capacidade para abrir estradas à audácia do Espírito, confiar e concretamente permitir o desenvolvimento de uma cultura eclesial própria, *marcadamente laical*. Os desafios da Amazônia exigem da Igreja um esforço especial para conseguir uma presença capilar que só é possível com um incisivo protagonismo dos leigos.

95. Muitas pessoas consagradas gastaram suas energias e grande parte da sua vida pelo Reino de Deus na Amazônia. A vida consagrada, capaz de diálogo, síntese, encarnação e profecia, ocupa um lugar especial nessa configuração plural e harmoniosa da Igreja amazônica. Mas faz-lhes falta um novo esforço de inculturação, que ponha em jogo a criatividade, a audácia missionária, a sensibilidade e a força peculiar da vida comunitária.

96. As comunidades de base, sempre que souberam integrar a defesa dos direitos sociais com o anúncio missionário e a espiritualidade, foram verdadeiras experiências de sinodalidade no caminho evangelizador da Igreja na Amazônia. Muitas vezes "têm ajudado a formar cristãos comprometidos com a sua fé, discípulos e missionários do Senhor, como o testemunha a entrega

generosa, até derramar o sangue, de muitos dos seus membros" (DAp, n. 178).

97. Encorajo o aprofundamento do serviço conjunto que se realiza através da Repam e outras associações com o objetivo de consolidar o que solicitava Aparecida: "estabelecer, entre as Igrejas locais de diversos países sul-americanos que estão na bacia amazônica, uma pastoral de conjunto com prioridades diferenciadas" (DAp, n. 475). Isto vale especialmente para a relação entre as Igrejas fronteiriças.

98. Por fim, quero lembrar que nem sempre podemos pensar em projetos para comunidades estáveis, porque na Amazônia há uma grande mobilidade interna, uma migração constante, muitas vezes pendular, e "a região transformou-se efetivamente em um corredor migratório" (ILSA, n. 65). A "transumância amazônica não foi bem compreendida nem suficientemente elaborada do ponto de vista pastoral" (ILSA, n. 63). Por isso, devemos pensar em grupos missionários itinerantes e "apoiar a inserção e a itinerância dos consagrados e consagradas ao lado dos mais desfavorecidos e excluídos" (ILSA, n. 192-d/2). Por outro lado, isso desafia as nossas comunidades urbanas, que deveriam cultivar com inteligência e generosidade, especialmente nas periferias, várias formas de proximidade e recepção às famílias e jovens que chegam ao território.

A força e o dom das mulheres (99-103)

99. Na Amazônia, há comunidades que se mantiveram e transmitiram a fé durante longo tempo, mesmo decênios, sem que nenhum sacerdote passasse por lá. Isso foi possível graças à presença de mulheres fortes e generosas, que batizaram, catequizaram, ensinaram a rezar, foram missionárias, certamente chamadas e impelidas pelo Espírito Santo. Durante séculos, as mulheres mantiveram a Igreja de pé nesses lugares com admirável dedicação e fé ardente. No Sínodo, elas mesmas comoveram a todos com seu testemunho.

100. Isso nos convida a alargar o horizonte para evitar reduzir a nossa compreensão da Igreja a meras estruturas funcionais. Esse reducionismo levar-nos-ia a pensar que só se daria às mulheres um *status* e uma participação maior na Igreja se lhes fosse concedido acesso à Ordem sacra. Mas, na realidade, esse horizonte limitaria as perspectivas, levar-nos-ia a clericalizar as mulheres, diminuiria o grande valor do que elas já deram e sutilmente causaria um empobrecimento da sua contribuição indispensável.

101. Jesus Cristo apresenta-se como Esposo da comunidade que celebra a Eucaristia, através da figura de um varão que a ela preside como sinal do único Sacerdote. Esse diálogo entre o Esposo e a esposa que se eleva na adoração e santifica a comunidade não

deveria fechar-nos em concepções parciais sobre o poder na Igreja, porque o Senhor quis manifestar o seu poder e o seu amor através de dois rostos humanos: o de seu divino Filho feito homem e o de uma criatura que é mulher, Maria. As mulheres prestam à Igreja a sua contribuição segundo o modo que lhes é próprio e prolongando a força e a ternura de Maria, a Mãe. Desse modo, não nos limitamos a uma impostação funcional, mas entramos na estrutura íntima da Igreja. Assim compreendemos radicalmente por que, sem as mulheres, ela desmorona, como teriam caído aos pedaços muitas comunidades da Amazônia se não estivessem lá as mulheres, sustentando-as, conservando-as e cuidando delas. Isso mostra qual é o seu poder característico.

102. Não podemos deixar de incentivar os talentos populares que deram às mulheres tanto protagonismo na Amazônia, embora hoje as comunidades estejam sujeitas a novos riscos que outrora não existiam. A situação atual exige que estimulemos o aparecimento de outros serviços e carismas femininos que deem resposta às necessidades específicas dos povos amazônicos nesse momento histórico.

103. Em uma Igreja sinodal, as mulheres, que de fato realizam um papel central nas comunidades amazônicas, deveriam poder ter acesso a funções e, inclusive, serviços eclesiais que não requeiram a Ordem sacra e permitam expressar melhor o seu lugar

próprio. Convém recordar que tais serviços implicam uma estabilidade, um reconhecimento público e um envio por parte do bispo. Daqui resulta também que as mulheres tenham uma incidência real e efetiva na organização, nas decisões mais importantes e na guia das comunidades, mas sem deixar de fazê-lo no estilo próprio do seu perfil feminino.

Ampliar horizontes para além dos conflitos (104-105)

104. Frequentemente sucede que, em um determinado lugar, os agentes pastorais vislumbram soluções muito diferentes para os problemas que enfrentam e, por isso, propõem formas aparentemente opostas de organização eclesial. Quando isto acontece, é provável que a verdadeira resposta aos desafios da evangelização esteja na superação de tais propostas, procurando outros caminhos melhores, talvez ainda não imaginados. O conflito supera-se em um nível superior, em que cada uma das partes, sem deixar de ser fiel a si mesma, se integra com a outra em uma nova realidade. Tudo se resolve "em um plano superior que conserva em si as preciosas potencialidades das polaridades em contraste" (EG, n. 228). Caso contrário, o conflito fecha-nos, "perdemos a perspectiva, os horizontes reduzem-se e a própria realidade fica fragmentada" (EG, n. 226).

105. Isso não significa de maneira alguma relativizar os problemas, fugir deles ou deixar as coisas como estão. As verdadeiras soluções nunca se alcançam amortecendo a audácia, subtraindo-se às exigências concretas ou buscando culpas externas. Pelo contrário, a via de saída encontra-se por "transbordamento", transcendendo a dialética que limita a visão para poder assim reconhecer um dom maior que Deus está oferecendo. Desse novo dom recebido com coragem e generosidade, desse dom inesperado que desperta uma nova e maior criatividade, brotarão, como que de uma fonte generosa, as respostas que a dialética não nos deixava ver. Nos seus primórdios, a fé cristã difundiu-se admiravelmente seguindo essa lógica que lhe permitiu, a partir de uma matriz judaica, encarnar-se nas culturas grega e romana e adquirir na sua passagem fisionomias diferentes. De forma análoga, neste momento histórico, a Amazônia desafia-nos a superar perspectivas limitadas, soluções pragmáticas que permanecem enclausuradas em aspetos parciais das grandes questões, para buscar caminhos mais amplos e ousados de inculturação.

A convivência ecumênica e inter-religiosa (106-110)

106. Em uma Amazônia plurirreligiosa, os crentes precisam encontrar espaços para dialogar e atuar juntos pelo bem comum e a promoção dos mais pobres.

Não se trata de nos tornarmos todos mais volúveis nem de escondermos as convicções próprias que nos apaixonam, para podermos encontrar-nos com outros que pensam de maneira diferente. Se uma pessoa acredita que o Espírito Santo pode agir no diverso, então procurará deixar-se enriquecer com essa luz, mas acolhê-la-á a partir de dentro das próprias convicções e da própria identidade. Com efeito, quanto mais profunda, sólida e rica for uma identidade, mais enriquecerá os outros com sua contribuição específica.

107. Nós, católicos, possuímos um tesouro nas Escrituras Sagradas que outras religiões não aceitam, embora às vezes sejam capazes de lê-las com interesse e, inclusive, apreciar alguns dos seus conteúdos. Algo semelhante, procuramos nós fazer diante dos textos sagrados de outras religiões e comunidades religiosas, nos quais se encontram "preceitos e doutrinas que [...] refletem não raramente um raio da verdade que ilumina todos os homens" (NA, n. 2).[30] Temos também uma grande riqueza nos sete sacramentos, que algumas comunidades cristãs não aceitam totalmente ou com idêntico sentido. Ao mesmo tempo que acreditamos firmemente em Jesus como único Redentor do mundo, cultivamos uma profunda devoção a sua Mãe. Embora saibamos que isso não se verifica em todas as

---

[30] CONCÍLIO VATICANO II. Declaração *Nostra Aetate*: sobre a relação da Igreja com as religiões não cristãs. 3. ed. São Paulo: Paulinas, 2017.

confissões cristãs, sentimos o dever de comunicar à Amazônia a riqueza desse ardente amor materno, do qual nos sentimos depositários. De fato, terminarei esta Exortação com algumas palavras dirigidas a Maria.

108. Nada disso teria que nos tornar inimigos. Em um verdadeiro espírito de diálogo, nutre-se a capacidade de entender o sentido daquilo que o outro diz e faz, embora não se possa assumi-lo como uma convicção própria. Desse modo, torna-se possível ser sincero, sem dissimular o que acreditamos, nem deixar de dialogar, procurar pontos de contato e, sobretudo, trabalhar e lutar juntos pelo bem da Amazônia. A força do que une a todos os cristãos tem um valor imenso. Prestamos tanta atenção ao que nos divide que, às vezes, já não apreciamos nem valorizamos o que nos une. E isso que nos une é o que nos permite estar no mundo sem sermos devorados pela imanência terrena, o vazio espiritual, o cômodo egocentrismo, o individualismo consumista e autodestrutivo.

109. Como cristãos, a fé em Deus une a todos, o Pai que nos dá a vida e tanto nos ama. Une-nos a fé em Jesus Cristo, o único Redentor, que nos libertou com seu bendito sangue e sua ressurreição gloriosa. Une-nos o desejo da sua Palavra, que guia nossos passos. Une-nos o fogo do Espírito que nos impele para a missão. Une-nos o mandamento novo que Jesus nos deixou, a busca de uma civilização do amor, a paixão pelo Reino

que o Senhor nos chama a construir com ele. Une-nos a luta pela paz e pela justiça. Une-nos a convicção de que nem tudo acaba nesta vida, mas somos chamados para a festa celeste, em que Deus enxugará nossas lágrimas e recolherá o que tivermos feito pelos que sofrem.

110. Tudo isso nos une. Como não lutar juntos? Como não rezar juntos e trabalhar lado a lado para defender os pobres da Amazônia, mostrar o rosto santo do Senhor e cuidar da sua obra criadora?

Conclusão

A MÃE DA AMAZÔNIA (111)

111. Depois de partilhar alguns sonhos, exorto todos a avançar por caminhos concretos que permitam transformar a realidade da Amazônia e libertá-la dos males que a afligem. Agora levantemos o olhar para Maria, a Mãe que Cristo nos deixou. E, embora seja a única Mãe de todos, manifesta-se de distintas maneiras na Amazônia. Sabemos que "os indígenas se encontram vitalmente com Jesus Cristo por muitos caminhos; mas o caminho mariano contribuiu mais que tudo para este encontro".[1] Perante a beleza da Amazônia, que fomos descobrindo cada vez melhor durante a preparação e o desenrolar do Sínodo, penso que o melhor será concluir esta Exortação dirigindo-nos a ela:

Mãe da vida,
no vosso seio materno formou-se Jesus,
que é o Senhor de tudo o que existe.
Ressuscitado, ele transformou-vos com a sua luz
e fez-vos Rainha de toda a criação.

---

[1] CELAM. *III Simposio latinoamericano sobre Teología india.* Cidade da Guatemala, 23 a 27 de outubro de 2006.

Por isso vos pedimos que reineis, Maria,
no coração palpitante da Amazônia.

Mostrai-vos como mãe de todas as criaturas,
na beleza das flores, dos rios,
do grande rio que a atravessa
e de tudo o que vibra nas suas florestas.
Protegei, com o vosso carinho,
aquela explosão de beleza.

Pedi a Jesus que derrame todo o seu amor
nos homens e mulheres que moram lá,
para que saibam admirá-la e cuidar dela.

Fazei nascer vosso Filho nos seus corações
para que ele brilhe na Amazônia,
nos seus povos e nas suas culturas,
com a luz da sua Palavra, com o conforto do seu amor,
com a sua mensagem de fraternidade e justiça.

Que, em cada Eucaristia,
se eleve também tanta maravilha
para a glória do Pai.

Mãe, olhai para os pobres da Amazônia,
porque o seu lar está sendo destruído
por interesses mesquinhos.
Quanta dor e quanta miséria,
quanto abandono e quanto atropelo
nesta terra bendita,
transbordante de vida!

Tocai a sensibilidade dos poderosos
porque, apesar de sentirmos que já é tarde,
Vós nos chamais a salvar
o que ainda vive.

Mãe do coração trespassado,
que sofreis nos vossos filhos ultrajados
e na natureza ferida,
reinai vós na Amazônia
juntamente com vosso Filho.
Reinai, de modo que ninguém mais se sinta dono
da obra de Deus.

Em vós confiamos, Mãe da vida!
Não nos abandoneis
nesta hora escura.
Amém.

Dado em Roma, na Basílica de São João de Latrão, a 2 de fevereiro – Festa da Apresentação do Senhor – do ano 2020, sétimo do pontificado.

Franciscus

SUMÁRIO

Lista de siglas 5

Capítulo I. Um sonho social 11

Capítulo II. Um sonho cultural 27

Capítulo III. Um sonho ecológico 37

Capítulo IV. Um sonho eclesial 51

Conclusão. A Mãe da Amazônia (111) 83

Rua Dona Inácia Uchoa, 62
04110-020 – São Paulo – SP (Brasil)
Tel.: (11) 2125-3500
http://www.paulinas.com.br – editora@paulinas.com.br
Telemarketing e SAC: 0800-7010081